KB079140

나도
발명 천재
마술사

김영기 ★ 오은영 ★ 함현진 지음

(주)삼양미디어

Introduction

지금 우리는 4차 산업혁명과 더불어 융합 시대를 맞고 있습니다. 4차 산업혁명과 융합의 시대에서는 지식보다는 창의적 문제 해결 능력이 더 중요한 문제로 대두되고 있습니다. 오늘날 정보 과학의 발달로 인터넷이나 각종 매체에서는 매일매일 새로운 지식과 다양한 정보들이 쏟아지고 있습니다. 이러한 데이터의 홍수 속에서 살아가려면 단순 지식만을 배우는 것은 큰 의미가 없게 되었습니다. 미래에는 방대한 정보를 바탕으로 매 순간 매 상황마다 주어진 문제를 창의적으로 해결하는 것이 중요합니다.

최근 창의적 문제 해결 능력을 키우는 수많은 방법이 소개되고 있습니다. 대표적인 방법으로 디자인 씽킹(design thinking), 스캠퍼(SCAMPER), 브레인스토밍(brainstorming), 트리즈(TRIZ), 크리티컬 씽킹(critical thinking), 하브루타(havruta) 등이 있는데, 이중에서 세계적인 기업들이 지속해서 활용하고 있는 트리즈가 기술 문제, 사람 갈등 문제, 사회 문제 등에 널리 사용·확산되고 있습니다. 그러나 막상 트리즈를 배우고자 해도 너무 어렵다는 사람들이 많습니다.

트리즈 전문가인 김영기 공학 박사와 마술사로서 한국 최초의 신지식으로 선정된 함현진 마술사가 오랜 연구끝에 트리즈를 마술과 연결하여 어린 아이부터 어른들까지 신다고 재미있게 놀면서 배울 수 있게 만들었습니다. 심오한 과학 기술을 발명으로 연결하는 트리즈와 사람들에게 신기함과 재미를 안겨 주는 마술을 하나로 연결한 것입니다. 이 책을 통해 다소 어렵게 느껴졌던

트리즈 원리를 마술을 통해 재미있게 배우고, 반대로 마술 속에 숨은 트리즈의 원리를 활용함으로써 무한 상상을 가능케 하여 수많은 발명 아이디어가 쏟아져 나오기를 기대해 봅니다.

이 책은 크게 3개의 Part로 구성되며, 흥미로운 마술과 함께 트리즈의 원리가 어떻게 활용되고 있는지를 이해하기 쉽게 설명하였습니다.

★ Part 1. 트리즈와 마술이 만나다. ★

'창의적 문제 해결 원리'인 트리즈가 탄생된 배경에서부터 마술에서 트리즈가 왜 필요한지를 설명하였습니다. 또한 마술뿐만 아니라 실생활에서 우리가 활용하고 있는 다양한 예시를 통해 트리즈의 원리가 어떻게 적용되는지 이해할 수 있도록 하였습니다.

★ Part 2. 도전! 트리즈의 원리를 마술에 적용해요. ★

트리즈의 원리인 고정 관념 극복, 종합적 사고, 장의 활용, 과학 원리 등을 적용하여 탄생한 마술을 따라하면서 쉽게 배울 수 있도록 하였습니다.

★ Part 3. 트리즈의 모순 해결 원리를 마술에 적용해요. ★

창의적 문제 해결 원리 중 모순 해결 원리인 발명 원리와 분리 원리를 이용하여 탄생한 마술들을 함께 따라하면서 문제 분석력, 종합적 사고력, 무한 상상력, 문제 해결력 등을 키울 수 있도록 하였습니다.

★ 동영상. QR 코드를 스캔하여 동영상 보기 ★

'함께하기'와 '혼자하기'에 있는 QR 코드를 스캔하면 마술사가 직접 선보이는 마술을 볼 수 있게 하였습니다. 또한 마술사와 대화하면서 따라하듯이 말풍선과 함께 핵심 포인트를 적절히 추가하여 쉽게 이해하고 따라할 수 있도록 하였습니다.

★ 기타, 마술에 숨어 있는 비밀과 트리즈의 원리 알아보기 ★

'마술 비밀의 원리를 찾아라', '마술과 한 뿌리 트리즈 원리', '생활 속 트리즈 발명의 원리'와 같은 요소를 두어 마술이 어떤 원리에 의해 만들어졌는지 그리고 마술뿐 아니라 실생활에서 트리즈의 원리가 어떠한 영향을 주고 있는지를 알 수 있도록 다양한 예를 들어 설명하였습니다.

'나도 발명 천재 마술사'는 어린 아이부터 할머니 할아버지까지 누구나 흥미를 갖고 쉽고 재미있게 볼 수 있도록 구성하였습니다. 특히, 마술과 발명에 대한 호기심이 많은 사람에게는 매우 유익한 정보를 주는 책이라고 자부할 수 있습니다. 더불어 트리즈를 이미 배운 사람들에게도 넓고 깊은 통찰력을 제시해 줄 것으로 믿습니다.

끝으로 이 책을 통해 우리의 삶이 변화되고, 나아가 좀 더 많은 사람이 행복하고 즐겁게 지낼 수 있기를 희망합니다.

저자 일동

How to use

★ 트리즈가 무엇인지 알고 싶다면? ★ 　 12~13쪽을 보세요.

트리즈는 '창의적 문제 해결 원리'로 복잡하거나 어려운 문제를 천재
들의 사고로 접근하여 문제를 쉽게 해결할 수 있도록 도와줍니다.

★ 마술에서 트리즈는 왜 배우는지 알고 싶다면? ★ 　 14~24쪽을 보세요.

트리즈는 문제 속에 숨어 있는 모순을 찾아 해결해 나가는 방법을 사용하는 데, 마술도
마찬가지입니다. 트리즈의 기본 원리에는 고정 관념 극복, 종합적 사고력, 장의 활용,
과학 원리, 모순 해결 원리(발명 원리)가 있습니다. 마술은 이중에서 특히 모순 해결 원
리라고 일컬어지는 40가지 발명 원리와 3가지 분리 원리를 적
용하여 다양한 마술을 만들 수 있습니다.

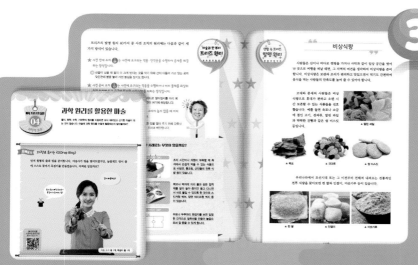

★ 마술을 직접 보고 따라하고 싶다면? ★　　QR 코드를 스캔하세요.

마술에 표기된 QR 코드를 스캔하면 관련 마술을 동영상으로 볼 수 있습니다.
이 책은 스스로 마술사가 되어 쉽고 재미있게 따라할 수 있도록 하였으며, 마
술에 숨겨진 비밀들을 트리즈의 원리를 통해 알려줌으로써 새로운 마술을 만
드는 데 밑거름이 되도록 하였습니다.

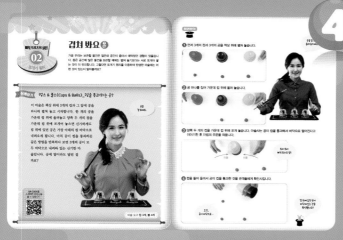

★ 트리즈의 원리가 실생활에
어떻게 활용되는지 알고 싶
다면? ★

이 책에서 소개하는 '마술과 한
뿌리 트리즈 원리'와 '생활 속 트
리즈 발명 원리'를 통해 우리의
실생활에 트리즈의 원리가 다양
하게 활용되고 있음을 알 수 있
습니다.

★ 트리즈를 배우면 무엇이 좋을까요? ★

마술에 '창의적 문제 해결 원리'인 트리즈를 활용함
으로써 우리가 가지고 있는 고정 관념을 극복할 뿐만 아니라 문
제 분석력, 종합적 사고력, 무한 상상력, 문제 해결력 등을 키울
수 있게 도와줍니다.

Contents

도전! 트리즈의 원리를
마술에 활용해요 ············· 26

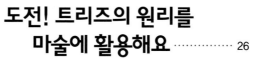

트리즈와 함께하는
마술에 초대합니다.

저는 개인적으로 마술을 무척 좋아하는데, 마술을 볼 때마다 놀라고 감탄하지만 어떻게 해서 저렇게 창의적인 마술을 고안해 냈을까를 생각하곤 합니다.

마술사는 사람들이 전혀 예상치 못한 방법으로 다양한 마술을 관중들에게 보여 줍니다. 이런 점에서 '창의적 발명 원리'로 불리는 트리즈(TRIZ)는 마술과 닮은 점이 많습니다. 우리가 문제 상황에 부딪혔을 때 일반적인 해결 방법으로 접근하면 모순에 부딪혀 난국에 봉착하는 상황에서도 트리즈는 모순을 해결하는 새로운 방안들을 제시합니다. 마술도 마찬가지입니다. 우리의 일반적 사고로는 문제를 해결할 수 없게 보이는 상황, 예를 들어 사람이나 물체가 사라지거나 갑자가 나타나기도 하는 등의 고정 관념을 깨는 새로운 현상이 일어나게도 합니다.

지금 세계는 정보 과학의 발달로 4차 산업 혁명의 시대를 맞아 제조업 등 여러 분야에서 위기와 기회를 동시에 맞고 있습니다. 이러한 위기를 벗어나고 새로운 기술 혁신을 이루기 위해서는 난국을 해결하는 창의적인 방법론이 절실한데, 트리즈가 그 역할을 할 수 있다고 생각합니다. 그런데 트리즈를 국가 기관이나 일부 기업의 연구 기관 정도만 알 뿐 아직 많은 기업에서는 트리즈는 생소하고, 안다 해도 적용하기가 어렵다는 생각을 하는 듯합니다.

이 책에서는 마술이라는 흥미로운 분야의 기술을 통해서 트리즈의 원리를 연계하여 소개함으로써 트리즈를 쉽고 즐겁게 배울 수 있습니다. 이 책의 저자 김영기 박사는 트리즈가 국내에 도입된 초창기부터 이 분야를 연구하고 자문 활동을 해온 트리즈 전문가로서 마술과 트리즈의 공통점들을 일찍이 발견하고 마술을 통해서 트리의 원리를 적용하는 노력을 기울여 왔습니다. 마술이라는 대중적으로 인기 있고 흥미 있는 소재에 트리즈를 접목한 '나도 발명 천재 마술사'는 트리즈의 대중적인 보급에 중요한 출발점을 제시할 것이라고 생각합니다.

김영기 박사와 함현진 마술사가 2014년 1월 창의응용학회 학술대회에서 마술의 시연과 함께 매직 트리즈를 소개하여 청중들로부터 폭발적인 호응과 갈채를 받은 것을 아직도 생생하게 기억하고 있습니다. 이 책을 통해 일반인들도 트리즈를 마술처럼 친근하고 즐겁게 접할 수 있는 계기가 되리라 생각하며, 이 책이 트리즈의 대중화에 크게 공헌할 것을 믿어 의심치 않습니다.

양동열(광주과학기술원 석좌교수 겸 KAIST 기계공학과 명예교수, 한국창의응용학회 회장)

MAGIC
&TRIZ★

1

트리즈와
(창의적 문제 해결 원리)
마술이 만나다

01 트리즈가 뭐예요

애들아! 트리즈는 문제에서
모순을 찾아 해결하는 방법이라고 하잖아.
그럼 비행기를 개발할 때에도 많은 모순이 있었을 것 같아.
트리즈의 원리로 이러한 모순들을 어떻게 해결하는지 14~24쪽
'40가지 발명 원리 살펴보기'를 참고로 해서 찾아보자.

8번 반대 힘을 이용하는 반작용 원리인
공중 부양과 균형추 원리 적용

14번 둥글게 하는
곡선화 적용

6번 다용도 원리를 적용하여
날개 역할과 함께
본체의 유류 탱크로 활용

날개의 앞쪽과 뒷쪽은
4번 비대칭 원리 적용

얇은 막을 활용하는
30번을 적용하여
앞 유리는 얇은 막과
필름으로 설계

프로펠러는 40번 통합 원리 적용

트리즈는 문제 분석력, 종합적 사고력,
무한 상상력, 문제 해결력, 자원 활용력 등을
기를 수 있게 해.

근데 트리즈를
더 쉽게 이해할 수는
없을까?

이론은
어려우니까 재미있는
마술로 알아 보자.

신기하다.

왜 우리가
마술을 보고
놀라는 거라고
생각해?

컵 안의
물이 쏟아지지
않아요.

Triz

마술은 우리의 고정 관념을
역이용해서 흥미와 놀라움을
주기 때문이야.

지금부터 트리즈의
시각으로 마술에 적용한
발명의 원리를 알아보고
배워 보자.

그거야
신기하니까!

02 마술에서 트리즈는 왜 배우나요

다양한 도구를 이용하는 마술에는 트리즈의 원리가 숨어 있습니다. 트리즈의 원리에는 고정 관념 극복, 종합적 사고, 장의 활용, 과학 원리 활용, 모순 해결 원리 등이 있습니다.

01 고정 관념 극복

우리는 자기만의 지식과 경험이라는 고정 관념을 가지고 있습니다. 이 때문에 거리, 크기, 개수, 색깔, 위치, 방향 등에서 착각을 일으키기 쉽습니다.

마술사는 이러한 착각을 역이용하여 여러분을 놀라게 하는 마술을 만듭니다.

마술에 엮인 트리즈

- 카드로 나이 알아맞히기
- 주사위로 기분 알아맞히기
- 빨대 자르기

02 종합적 사고

우리는 문제를 눈에 보이는 대로, 즉 좁게 생각하는 습관이 있습니다. 하지만 세상을 좀 더 넓고 큰 시각으로 바라보면 해결해야 할 문제가 제대로 보입니다.

마술사는 우리가 생각하는 한정된 시간과 공간 개념을 역이용하여 여러분을 놀라게 하는 마술을 만듭니다.

마술에 엮인 트리즈

- 책상에서 사라지는 동전
- 풍선 안에 휴대 전화 넣기
- 상대방 전화번호 알아내기
- 게스 씽킹

03 창의 활용

종이, 불, 도구 등과 같은 자원에는 보이지 않는 에너지(장)나 공간 등이 있습니다.

마술사는 특히 보이지 않는 자원들을 이용하여 여러분을 놀라게 하는 마술을 만듭니다.

마술에 엮인 트리즈

• 지폐를 통과하는 볼펜
• 흔적 없이 사라지는 종이
• 매직 전구

04 과학 원리 활용

세상에는 물리, 화학, 생물, 수학, 기하학 등 보이지 않는 여러 가지 과학적 원리가 작용하고 있습니다.

마술사는 이러한 원리를 이용하여 여러분을 놀라게 하는 마술을 만듭니다.

마술에 엮인 트리즈

• 드롭 링
• 어메이징 워터

05 모순 해결 원리

세상에는 모순덩어리 문제가 많고, 이러한 문제는 도저히 풀 수 없을 것 같은 경우도 많습니다.

마술사는 트리즈에서 제시한 40가지 발명 원리와 3가지 분리 원리를 이용하여 여러분을 놀라게 하는 마술을 만듭니다.

마술에 엮인 트리즈

• 대부분의 마술이 해당

03 트리즈를 알면 무엇이 좋을까요

'창의적 문제 해결 원리'인 트리즈는 척척 박사처럼 행동하는 문제 분석력, 종합적 사고력, 무한 상상력, 문제 해결력, 자원 활용력 등을 길러 줍니다. 각각 어떤 의미인지 알아볼까요?

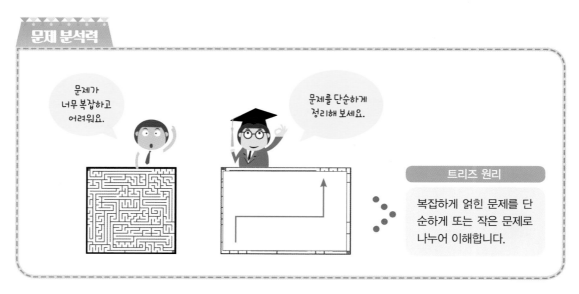

문제 분석력

문제가 너무 복잡하고 어려워요.

문제를 단순하게 정리해 보세요.

트리즈 원리

복잡하게 얽힌 문제를 단순하게 또는 작은 문제로 나누어 이해합니다.

종합적 사고력

많은 색 중에 검은색이 필요한데 좋은 방법이 없을까요?

색의 삼원색을 섞으면 검은색이 되지요.

난, 색의 삼원색

트리즈 원리

고정 관념에 사로잡히지 말고 객관적으로 문제 상황을 이해합니다.

무한 상상력

짐은 꼭 사람이 날라야 할까요?

로봇을 제작하여 활용해 보세요.

트리즈 원리

가장 이상적인 해결책을 빠르고 창의적으로 생각해 냅니다.

문제 해결력

동생이 자동차와 로봇 장난감을 모두 갖고 싶어해요.

두 가지 기능을 모두 갖춘 장난감을 만들면 편리해요.

트리즈 원리

서로 상반된 요구 조건 (모순)을 모두 만족시키는 대안을 제시합니다.

자원 활용력

물은 액체만 있나요?

물은 얼음, 눈 등 여러 가지로 변할 수 있습니다.

트리즈 원리

세상 모든 자원의 특성을 이해하고 활용하는 방법을 제시합니다.

04 마술에 숨어 있는 트리즈의 모순 해결 원리가 궁금해요

트리즈는 문제 속에 숨어 있는 모순을 찾아 해결해 나가는 방법을 사용하는 데, 마술도 마찬가지입니다. 하나의 마술이 탄생하기 위해서는 주제를 선정하고 그에 어울리는 이야기를 만듭니다. 그리고 극적인 상황을 연출하기 위해서는 이야기 속에 모순이 발생하는 데, 이러한 모순을 해결하기 위한 해결책을 40가지 발명 원리와 3가지 분리 원리에서 찾으면 더욱 쉽게 새로운 마술을 만들 수 있습니다. 지금부터 40가지 발명 원리와 분리 원리를 알아볼까요?

40 가지 발명 원리 살펴보기 ①~⓵

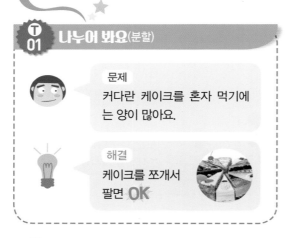

T01 나누어 봐요(분할)

문제
커다란 케이크를 혼자 먹기에는 양이 많아요.

해결
케이크를 쪼개서 팔면 OK

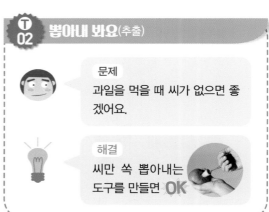

T02 뽑아내 봐요(추출)

문제
과일을 먹을 때 씨가 없으면 좋겠어요.

해결
씨만 쏙 뽑아내는 도구를 만들면 OK

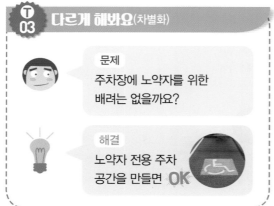

T03 다르게 해봐요(차별화)

문제
주차장에 노약자를 위한 배려는 없을까요?

해결
노약자 전용 주차 공간을 만들면 OK

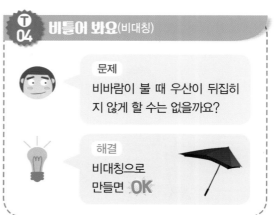

T04 비틀어 봐요(비대칭)

문제
비바람이 불 때 우산이 뒤집히지 않게 할 수는 없을까요?

해결
비대칭으로 만들면 OK

T05 합쳐 봐요 (통합)

문제
병따개, 칼 등 여러 가지 도구를 각각 챙기려니 불편해요.

해결
맥가이버 칼 하나면 OK

T06 여러 가지 용도로 활용해요 (다용도)

문제
휴대 전화를 더 편리하게 활용할 수는 없을까요?

해결
일상생활에서 활용 가능한 기능(계산기, 일정 관리, 알람 등)들을 수록하면 OK

T07 겹쳐 봐요 (포개기)

문제
좁은 공간에 많은 쇼핑 카트를 효율적으로 보관할 수는 없을까요?

해결
서로 포개고 겹치면 OK

T08 반대 힘을 이용해요 (평형추 또는 반중력)

문제
열기구를 하늘 위로 떠오르게 할 수는 없을까요?

해결
공기보다 가벼운 수소나 헬륨 기체를 넣으면 OK

T09 미리 반대로 해요 (사전 반대 조치)

문제
개구리가 멀리 뛰기 위해 하는 동작은 무엇인가요?

해결
뛰기 전에 먼저 다리를 구부리면 OK

T10 미리 준비해요 (사전 준비 조치)

문제
학교 수업을 잘 따라갈 방법은 없을까요?

해결
시간을 정해서 예습하면 OK

11 사고에 대비해요(사전 예방 조치)

 문제
차량 운전 중 사고 발생 시 보다 안전하려면 무엇을 준비해야 할까요?

 해결
에어백을 설치
하면 **OK**

 12 눈높이를 맞춰요(높이 맞추기)

문제
힘을 덜 들이고 산을 넘어갈 수는 없을까요?

 해결
터널을 뚫으면
OK

 13 반대로도 해봐요(역발상)

 문제
달릴 수 있는 운동장이 없으면 운동은 어떻게 하지요?

 해결
런닝머신 하나면
OK

 14 둥글게 해봐요(곡선화)

 문제
논에 널린 볏짚을 편리하게 보관할 수는 없을까요?

 해결
둥글게 감으면
OK

 15 자유롭게 움직여요(역동성)

 문제
열차가 구부러진 길을 순조롭게 지나가게 하려면 어떻게 하나요?

 해결
차와 차 사이를
유연한 소재로
연결하면 **OK**

 16 정확할 필요 없어요(부족 또는 초과)

 문제
식사량을 다르게 할 수는 없을까요?

 해결
뷔페식으로
자유 배식하면
OK

T17 달리 생각해 봐요 (차원 변경)

 문제
트럭에서 무거운 짐을 쉽게 내릴 방법은 없을까요?

 해결
짐칸을 기울이면 **OK**

 T18 흔들어 봐요 (진동)

문제
치아를 골고루 더 잘 닦을 수는 없을까요?

 해결
초음파 진동 칫솔을 이용하면 **OK**

 T19 쉬엄쉬엄 해봐요 (주기 작용)

 문제
하루종일 공부하는 것은 너무 힘들어요.

 해결
50분 공부, 10분 휴식으로 진행하면 **OK**

 T20 쉬지 말고 해봐요 (작용 지속)

 문제
지진이 언제 발생할지 미리 예측할 수는 없을까요?

 해결
사전에 매일 쉬지 않고 상황을 분석하고 기록하면 **OK**

 T21 초고속으로 해봐요 (고속 처리)

 문제
금붕어를 얼렸다 녹이면 살 수 있을까요?

 해결
급속 냉동하면 **OK**

 T22 위해 요소를 이롭게 역이용해요 (전화 위복)

 문제
피자에서 테두리는 맛이 없는데 버려야 할까요?

 해결
테두리에 고구마나 치즈 등을 넣어 더 맛있게 만들면 **OK**

T 23 서로 알려 줘요 (자동화)

문제

화장실 양변기의 물을 넘치지 않게 할 수는 없을까요?

해결
물이 차는 통로를 마개로 닫으면 OK

T 24 중간에 무언가 끼워봐요 (매개물)

문제

아이들이 쓴 약을 잘 먹게 할 수는 없을까요?

해결
약 표면을 단맛으로 감싸면 OK

T 25 스스로 하게 해봐요 (자체 해결)

문제

어두운 밤에 표지판을 잘 보이게 할 수는 없을까요?

해결
발광되는 표지판을 설치하면 OK

T 26 복사물을 이용해요 (복사)

문제

여행을 평생 좋은 기억으로 간직하려면 어떻게 해야 할까요?

해결
사진이나 동영상으로 촬영해 놓으면 OK

T 27 비싼 것 필요 없어요 (일회용품 활용)

문제

많은 사람이 물을 마시려는데 컵 관리가 힘들어요.

해결
일회용 종이컵을 준비하면 OK

T 28 에너지 파를 이용해 봐요 (장의 활용)

문제

컴퓨터나 스마트폰을 이용하는데 꼭 손이 필요할까요?

해결
무선으로 신호를 주고 받으면 OK

T29 공기나 물의 힘을 이용해 봐요 (기체/액체)

문제
두꺼운 철판을 자를 때 높은 열이 발생하는데 어쩌지요?

해결
물칼(워터 제트)을 쓰면 **OK**

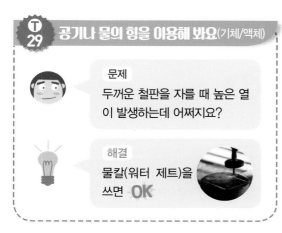

T30 얇은 막을 이용해 봐요 (얇은 막 활용)

문제
채소나 고기의 원래 맛을 잃지 않게 싸먹을 수는 없을까요?

해결
라이스 페이퍼로 싸먹으면 **OK**

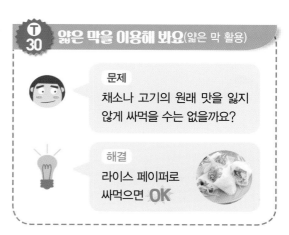

T31 구멍 숭숭을 이용해요 (다공 재료)

문제
음식점 안의 퀴퀴한 냄새를 잡는 방법이 없을까요?

해결
공기 정화 기능이 있는 숯을 이용하면 **OK**

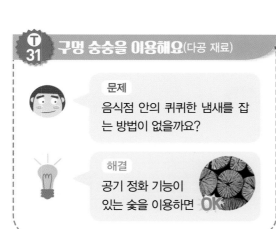

T32 색깔을 바꾸어 봐요 (색깔 변경)

문제
프라이팬이 뜨거워졌는지를 미리 알 수는 없을까요?

해결
특정 영역을 빨갛게 변하게 하면 **OK**

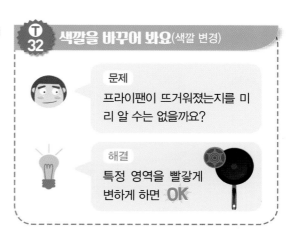

T33 같은 성질을 이용해요 (동질성)

문제
나무나 돌이 없는 남극에서는 무엇으로 집을 지을까요?

해결
얼음으로 집을 지으면 **OK**

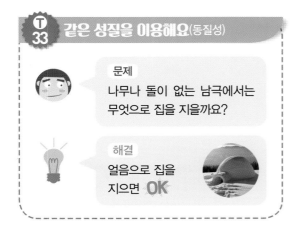

T34 틀을 이용해요 (재생)

문제
한 번에 똑같은 모양의 붕어빵을 많이 만들 수는 없을까요?

해결
철로 만든 똑같은 틀을 이용하면 **OK**

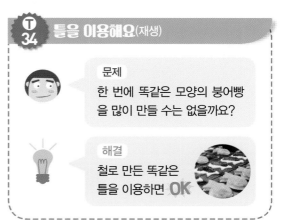

35 성질을 바꾸어 봐요 (속성 변화)

 문제
물에 빠진 비누를 쉽게 찾을 수는 없을까요?

 해결
비누를 물 위에 뜰 수 있도록 가볍게 만들면 **OK**

 36 상태를 바꾸어 봐요 (상 변화)

문제
치아 교정기의 틀이 자꾸만 변형되는데 어쩌지요?

 해결
형상 기억 합금으로 교정용 와이어를 만들면 **OK**

 37 온도에 따라 부피가 달라져요 (열팽창)

 문제
두 개의 그릇이 서로 끼어 있어서 떨어지지 않아요.

 해결
아래 그릇을 뜨거운 물에 담그면 **OK**

 38 반응이 잘 되게 해요 (활성화)

문제
메주가 잘 발효되게 하려면 어떻게 해야 할까요?

 해결
적절한 온도와 습도를 유지하면 **OK**

 39 반응이 안 되게 해요 (불활성)

 문제
식품을 썩지 않고 더 오래 보관할 수는 없을까요?

 해결
산소를 가급적 없애고 진공 포장하면
 OK

 40 여러 재료를 합쳐요 (복합 재료)

문제
가벼우면서 단단하게 만든 모자가 필요해요.

 해결
단단하고 유연한 재료를 섞으면
OK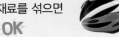

3 가지 분리 원리 살펴보기 ~

P 01 공간을 나누어 봐요 (공간 분리)

문제
중국집에서 짜장과 짬뽕 둘 다 먹고 싶어요.

해결
둘로 분리된 그릇을 사용하면 **OK**

P 02 시간을 나누어 봐요 (시간 분리)

문제
하루에 많은 일을 규모 있게 할 수는 없을까요?

해결
시간표를 작성하여 활용하면 **OK**

P 03 조건을 나누어 봐요 (조건 분리)

문제
위험한 금속류의 불법 무기를 가진 사람들을 찾아낼 수는 없을까요?

해결
금속 탐지기를 활용하면 **OK**

MAGIC
&TRIZ★

2

도전!
트리즈의 원리를
마술에 활용해요

고정 관념을 활용한 마술

사람들은 대부분 자신의 눈, 코, 귀, 입으로 보고 듣고 맛보고 느낀 것을 사실이라고 믿는 고정 관념을 가지고 있습니다. 마술은 사람들이 가지고 있는 지식이나 경험과는 다른 고정 관념을 역이용하여 그들이 믿을 수 없는 현상에 놀라고 재미를 느낄 수 있도록 유도하는 것입니다.

함께하기 카드로 나이 알아맞히기

마술사는 신기하게도 여섯 장의 카드로 나이뿐만 아니라 상대방이 생각하고 있는 숫자도 맞힐 수 있습니다. 어떻게 가능할까요?

QR CODE를 스캔하면 동영상을 볼 수 있습니다.

마술 도구 여섯 장의 숫자 카드(부록 01의 숫자 카드를 오려서 사용하세요.)

1 마술사는 관객에게 자신의 나이를 속으로 생각하라고 합니다.

내 나이는 말하지 않으면 모르겠지!

이때 숫자는 1~60 범위 안에서만 선택하도록 합니다.

2 마술사는 6장의 카드를 한 장씩 보여 주면서 자신의 나이(혹은 좋아하는 숫자)가 카드에 있는지를 물어봅니다.

3 마술사는 관객이 '그렇다'고 하는 카드들만 따로 모으도록 합니다.

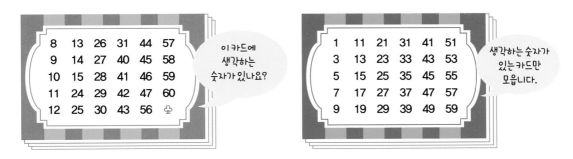

이 카드에 생각하는 숫자가 있나요?

생각하는 숫자가 있는 카드만 모읍니다.

4 따로 모은 카드들의 첫 번째 숫자들을 모두 더하면 관객의 나이가 나옵니다.

예 나이가 17살일 경우에는 2장의 카드만 선택되므로 각 카드의 첫 번째 숫자만 모두 더하면 관객의 나이가 됩니다.

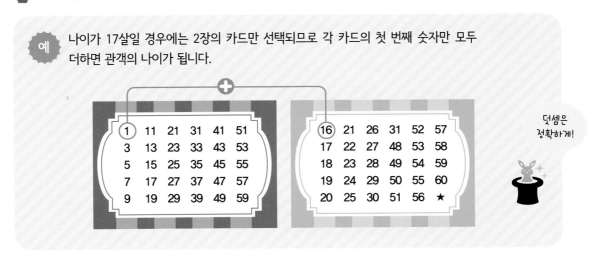

덧셈은 정확하게!

Point 마술사는 숫자들을 더할 때 덧셈이 틀리지 않도록 계산을 잘 해야 합니다. 마술에서 실수는 관객에게 재미가 아닌 실망을 안겨 줄 수 있다는 점, 꼭 기억하세요.

여러분 생각에는 카드에 나열된 숫자(1~60 사이의 수)들이 별의미 없이 적혀 있는 것 같나요? 하지만 그러한 고정 관념은 버리세요.

우리는 알 수 없지만, 이 숫자 맞히기의 원리는 2진법을 활용한 배수의 법칙에 따라 1~60 사이의 숫자들을 6장의 카드에 중복하여 나열한 것입니다. 만약, 나이가 31살일 경우에는 '31'이라는 숫자가 있는 카드들만 따로 모으도록 합니다. 직접 카드들을 선택하고 계산해 볼까요?

이때 숫자는 1~60 범위안에서만 선택하도록 하세요.

6개의 카드 중 5개의 카드가 선택되고, 각 카드의 첫 번째 숫자들을 모두 더하면 1+2+4+8+16=31이 됩니다. 여러분도 모두 맞혔나요?

고정 관념이 발명에 미치는 영향

고정 관념은 발명에서 실제 상황이나 문제를 똑바로 바라보는것을 방해하는 장애 요인으로 작용할 수 있습니다. 사람들이 가지고 있는 고정 관념은 올바른 사실들조차 착각을 일으켜 쉽게 받아들이지 못하게 합니다. 창의적인 사고는 고정 관념에서 오는 착각이나 착시를 극복하고 세상을 올바로 바라보는 것입니다. 그리고 창의적인 발명가는 항상 세상을 편견 없이 있는 그대로 바라보고 이해하려고 노력합니다.

혼자하기 ①

주사위로 상대의 기분 알아맞히기

원형 상자 속에는 세 가지의 감정(기쁨, 슬픔, 화남)을 알려 주는 주사위가 있습니다. 마술사는 이 도구들로 관객의 기분을 알아맞힌다고 합니다. 모두 놀라겠지요?

기쁨   슬픔   화남

감정 표현 주사위

원형 상자

마술 도구 원형 상자, 감정 표현 주사위

QR CODE를
스캔하면 동영상을
볼 수 있습니다.

따라하기

1 관객에게 감정 표현 주사위를 준 다음 현재 자신의 기분과 닮은 모양을 선택하라고 합니다.

Point 마술사는 현재의 상황을 보지 않기 위해 두 눈을 감거나 뒤돌아서 있도록 합니다.

2 주사위에서 선택한 감정 표현을 위로 향하게 하여 준비한 원형 상자에 넣고 뚜껑을 닫은 후 달라고 합니다.

마술사는 보면 안 되어요.

3 마술사는 한쪽 손에 원형 상자를 들고 관객의 손을 잠시 잡은 후 감정을 읽는 척합니다.

4 이제 관객이 선택한 감정이 무엇인지를 말하고 원형 상자의 뚜껑을 열어 관객들과 함께 확인합니다.

관객님은 현재 '화남' 이군요.

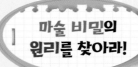

마술사가 관객의 손을 잡기만 했는데, 어떻게 상대방의 감정을 읽을 수 있었을까요?

감정을 나타내는 주사위의 그림은 위아래가 같은 그림으로 되어 있습니다. 우리는 주사위가 정육각형이라고 믿는 고정 관념이 있지만, 이곳에 숨겨진 비밀은 웃는 그림의 면이 가장 길고, 슬픈 그림은 중간, 화난 그림은 조금 짧은 길이를 가지고 있답니다.

힌트
마술에 사용한 주사위는 정사각형이 아니고, 각 면에 따라 크기가 조금씩 다릅니다.

이로 인해 어떤 표정의 면이 위를 보느냐에 따라 마술사가 원형 상자를 만질 때의 느낌이 달라집니다.

손으로 눌렀을 때 딱 맞으면 '슬픔'입니다.

손으로 눌렀을 때 위로 살짝 올라온 느낌이면 '기쁨'입니다.

손으로 눌렀을 때 안으로 들어가는 느낌이면 '화남'입니다.

Point 사람들은 주사위가 정육면체일 거라는 고정 관념을 가지고 있습니다. 마술사는 이러한 점을 이용하여 관객들이 가지고 있는 고정 관념을 대화로 확인한 후, 마술을 보여 주도록 합니다. 이때 조심할 점은 실수가 생기지 않도록 원형 상자 뚜껑의 수평을 잘 맞추도록 합니다.

이러한 비밀을 아는 마술사가 원형 상자를 손으로 만지면 바로 어떤 감정인지 알 수 있게 됩니다.따라서 마술사의 한 손은 원형 상자를 만지고, 다른 한 손은 관객의 손을 잡고 상대방의 감정을 읽는 것처럼 연기를 해야 들키지 않겠지요?

혼자하기 2

빨대 자르기

자, 다함께 음료수를 마실 때 사용하는 빨대 안으로 실을 넣어 통과시킨 후, 빨대를 반으로 접고 가위로 자르세요. 당연히 실과 빨대는 두 동강이 나겠지요?

그런데 마술사가 자른 빨대 안의 실은 끊어지지 않고 그대로 나옵니다. 어떻게 이런 일이 가능할까요?

QR CODE를 스캔하면 동영상을 볼 수 있습니다.

마술 도구 길고 가는 실, 칼, 가위, 빨대

따라하기

1 먼저 준비한 빨대 안으로 실을 넣어 반대편으로 통과시킵니다.

빨대 안으로 넣은 실을 양손으로 잡아 보세요.

2 이제 빨대를 반으로 접은 후, 빨대가 접힌 부분을 가위로 자릅니다.

인정사정 보지말고 접힌 부분을 싹둑!

3 마술사는 두 동강이 난 빨대의 모습을 관객들에게 보여 준 후 주문을 외웁니다.

트리 트리 매직 트리즈, 얍!

4 어찌된 일일까요? 실은 잘리지 않고 원래의 모습으로 나옵니다.

어찌 이런일이…

마술을 하기 전 준비 동작으로 빨대에 다음과 같은 작업을 미리 해
놓으면, 실전에서 마술을 관람하는 관객들이 깜짝 놀라는 표정을 볼
수 있습니다. 자세히 알아볼까요?

1 칼로 빨대의 가운데 부분에 2㎝ 정도 작은 흠을 냅니다. 여기서 주의
할 점은 빨대의 한쪽 면만 살짝 칼집을 내도록 합니다.

이 마술은 발명 원리 중
10번 사전 준비 조치에
해당합니다.

한쪽 면만
자르세요.

Point 칼은 위험하니 저학년의 학생들이 사용할 때는 마술에 필요한 빨대는 어른들이 준비해 줍니다.

2 실을 빨대 안으로 넣어 통과하도록 한 다음 빨대에서 칼집을 낸 곳이
가운데 안쪽으로 오도록 접어 왼손의 엄지와 검지로 잡아 줍니다.

자른 면을 확인 후
실을 넣고
반으로 접으세요.

빨때 양쪽으로
나온 실을 살짝
잡아 당기세요.

Point 이때 엄지와 검지는 빨대의 접힌 부분부터 1㎝ 아랫
부분을 잡도록 합니다. 또한 칼집이 난 곳은 마술사의 손 안쪽
을 향하도록 합니다. 가능하면 얇은 실을 사용합니다.

3 이제 관객에게 가위를 건넵니다. 그 다음 빨대의 접힌 부분 사이로 가
위를 집어 넣은 후 빨대를 반으로 자르라고 합니다.

실이 잘리지 않도록
주의하세요.

Point 쉽게 설명하고자 그림에서는 빨대 사이를 벌려 실이 어디에 있는지 보이도록 했습니다. 마술사는 빨대와 함께 빨대 구멍
밖으로 나온 실을 관객들이 보지 못하도록 마술사의 몸쪽으로 살짝 당겨 주도록 합니다.

빨대를
반으로 자릅니다.

4 이제 관객이 빨대를 자른 부분을 보여 줍니다. 그런 다음 오른손으로 빨대를 문지르며 실감나게 주문을 외워 보세요.

5 빨대의 양 끝으로 나와 있는 실 끄트머리 중 하나를 쭉 잡아 당겨 주세요. 여기서는 빨대를 자른 틈으로 나온 실이 보이도록 사진을 찍었지만, 마술사인 여러분은 이 부분을 계속 숨기고 있어야 합니다.

실을
잡아 뺍니다.

Point 마술사는 당기면서 "어라, 분명 잘랐는데?" 등의 말을 하면 관객들이 더욱 신기해 하겠지요?

6 관객의 손 위 또는 테이블 위에 잘린 빨대와 실을 올려 놓도록 합니다. 관객들에게 빨대와 실을 다시 한 번 확인해 보라고 합니다. 두 동강 난 빨대와 잘리지 않은 실을 보며 놀라는 관객들의 표정, 마술사는 흐뭇하겠지요?

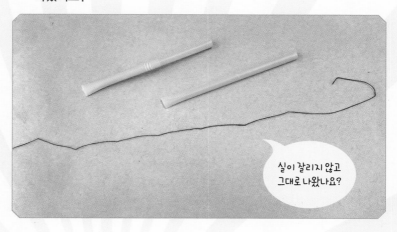

실이 잘리지 않고
그대로 나왔나요?

마술과 한 뿌리
트리즈 원리

발명을 잘하기 위해서는 무조건 지식이 많아야 할까요? 그렇지 않습니다. 만약 우리가 고정 관념으로만 세상을 바라보고 이해한다면, 아무리 지식이 많아도 엉뚱한 오답을 얻거나 수많은 시행착오를 겪고 나서야 정답에 도달할 수 있을 것입니다.

우리 스스로가 고정 관념에서 벗어나 세상을 제대로 바라볼 수만 있다면 짧은 시간과 적은 노력으로 쉽게 정답에 도달할 수 있습니다. 그렇다면 고정 관념은 왜 벗어나야 하는지 알아볼까요?

★ 세상 모든 것에는 관성의 법칙이 있다?

사람의 생각에도 관성의 법칙이 있습니다. 우리는 이것을 심리적 관성 또는 고정 관념이라고 부릅니다. 움직이는 차 안에서 사람들이 계속 움직이거나 계속 정지해 있으려는 상태를 말합니다.

예 버스가 갑자기 출발할 때 승객들은 넘어지지 않고 서 있기 위해 몸이 뒤로 쏠리는 현상이 나타납니다. 그리고 급정거를 하면 승객들은 움직임 때문에 몸이 앞으로 쏠리는 현상이 나타나는데 이것은 관성의 법칙 때문입니다.

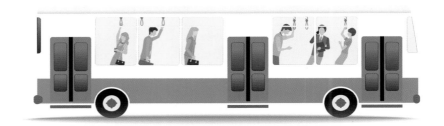

★ 착시를 일으킬 때 그것을 사실로 믿는 이유가 있다?

우리의 눈은 사물의 길이, 크기, 형상, 색깔, 위치, 절단, 개수 등에서 다양한 시각적 착각을 경험합니다. 이러한 착시를 일으킬 때 그것을 사실로 믿는 것은 고정 관념 때문입니다. 예를 들면 다음과 같습니다.

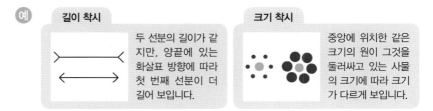

예
길이 착시
두 선분의 길이가 같지만, 양끝에 있는 화살표 방향에 따라 첫 번째 선분이 더 길어 보입니다.

크기 착시
중앙에 위치한 같은 크기의 원이 그것을 둘러싸고 있는 사물의 크기에 따라 크기가 다르게 보입니다.

세로의 선들은 모두 수직이지만 사선으로 보입니다.

색깔 착시

회색 수직선과 검은색 수직선 사이의 녹색 삼각형의 색상이 다르게 보이지만 사실은 같은 색상입니다.

★ 물건이나 사물을 볼 때 고정 관념이 있다?

우리는 특정 물건을 이해할 때 글자나 단어를 먼저 떠올리고 그것의 의미를 연결합니다. 이런 이유로 사람들은 세상에 있는 것들은 항상 그 상태로만 고정하여 이해하려는 경향이 있습니다.

예 대부분 사람들은 벽돌을 보면 집을 지을 때 쓰이는 물건으로 한정하여 생각합니다. 하지만 벽돌의 용도는 화분이나 세탁기 받침대, 도둑 퇴치용, 가루 페인트용 등 활용 범위가 아주 많음을 알 수 있습니다.

　　트리즈 전문가들은 고정 관념을 효과적으로 극복하는 데 도움을 주기 위한 방법들을 고안하였습니다. 하나는 거인의 어깨 위에서 세상을 보라는 종합적 사고(Multi Screen Thinking)입니다. 다른 하나는 아주 작은 사람이 되어서 문제를 세밀하게 바라보도록 하는 방법으로 '현명한 작은 사람 모델(Smart Little People)'이 있습니다. 이를 통해 일상적인 시각에서 벗어나 세상을 크게 또는 아주 작게 바라볼 줄 알게 되며, 문제를 정확히 이해할 수 있습니다. 또한 우주 전체가 하나로 연결되어 서로 영향을 주고받는 것을 이해하게 됩니다.

　　마술에서도 고정 관념을 이용합니다. 마술은 트리즈와 반대로 사람들이 생각하는 고정 관념을 역이용하여 그들이 믿을 수 없는 현상이 나타나는 것처럼 연출하여 그것을 믿게 합니다.

고정 관념의 극복

★ 여러분은 그림 속의 단어를 어떻게 읽었나요?

　　사람들은 그림에서 보여지는 글자를 자신의 고정 관념에 따라 읽고 이해합니다. 어떤 사람은 'Love'로 읽고 또 어떤 사람은 'Hate'로 읽습니다. 그리고 서로 자기가 옳다고 주장합니다. 정작 'note'나 다른 글자로 읽는 사람은 매우 드물지요. 따라서 여러분 스스로 가지고 있는 선입견이나 편견과 같은 고정 관념을 벗어나서 사물을 다양한 시각으로 바라보는 연습이 필요합니다.

★ 빌에게 무슨 일이 일어난 걸까요?

　　과중한 회사 업무로 늦은 저녁에 귀가하던 빌은 엎어지고 걸리고 비틀거리며 집까지 걸어 왔습니다. 문을 발로 차서 열고 방으로 들어간 빌은 침대에 쓰러져 잠이 들었습니다.

　　그는 늦잠을 자다 깨어나서 보니 메리가 죽어 있었습니다. 빌은 너무 슬퍼서 대성통곡하는 등 소동을 벌여서 경찰도 출동하였습니다. 그러나 빌은 경찰서로 잡혀가지 않고 무사합니다.

　　대체 무슨 일이 일어난 것일까요? 마음껏 상상해 보세요.

　　여기서 한 가지 큰 함정이 있습니다. 문제는 빌과 메리의 정체입니다. 우리는 일상적으로 빌은 남자 아이 이름으로 그리고 메리는 여자 아이의 이름으로 생각하기 쉽습니다. 여기에서 우리는 언어라는 고정 관념에 빠진 것입니다. 사실 메리는 사람 이름이 아니고 빌이 집에서 키우는 금붕어 이름이었던 것입니다.

종합적 사고를 활용한 마술

우리가 사는 세상은 시간으로는 과거 · 현재 · 미래로 연결되어 있고 공간으로 는 상 · 중 · 하로 연결되어 있습니다. 그래서 시간과 공간을 뛰어넘어 살펴보면 마술의 원리 또한 쉽게 이해할 수 있습니다.

함께하기 책상에서 사라지는 동전

마술사는 동전과 컵 그리고 포일을 이용하여 컵 안의 동전이 사라지게 할 것이라고 합니다. 그런데 동전이 아닌 커다란 컵이 사라집니다. 어찌된 일일까요?

QR CODE를 스캔하면 동영상을 볼 수 있습니다.

동전이 사라진다고?

마술 도구 컵, 동전, 포일 또는 휴지(냅킨 등)

1 마술사는 준비한 동전을 책상 위에 놓고 투명한 컵으로 덮습니다.

2 다시 컵이 보이지 않게 포일(또는 휴지)로 보기 좋게 싼 다음 동전 위에 컵을 놓고 동전이 사라질 것이라고 말합니다.

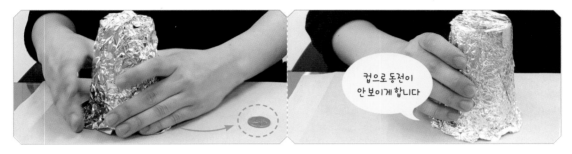

> 컵으로 동전이
> 안 보이게 합니다

3 마술사는 과장된 행동을 하면서 포일로 싼 컵을 들어 보지만 동전은 그대로 있습니다.

4 마술사는 다시 한 번 더 해보겠다고 하면서 같은 동작을 반복합니다. **Point** 마술사는 동전이 사라지지 않았을 때 살짝 멋쩍은 표정을 지어 주도록 합니다.

> 동전이 그대로
> 있군요.

> 한번 더
> 해보겠습니다.

5 관객들과 눈을 맞춘 마술사는 갑자기 컵 위를 누르기 시작합니다. 그런데 동전이 아닌 컵이 사라졌습니다. 어떻게 이런 일이 가능할까요?

> 이상한데요!

> 컵은
> 어디로?

이 마술은 동전이 사라지기보다는 큰 컵이 사라지게 함으로써 관객들에게 황당함을 주는 반전 마술입니다. 사람들은 눈에 보이는 것만 믿는 습성이 있습니다. 마술사는 이러한 점을 이용하여 관객이 책상 위에만 집중할 수 있도록 유도합니다.

다음과 같이 마술사의 반복적인 손동작으로 인해 컵은 보지 않고 보이는 책상 위의 동전만 보게 됩니다. 그리고 손가락으로 동전을 가리키면서 관객은 볼 수 없도록 마술사의 무릎 위로 컵을 떨어뜨립니다.

한번 더 해볼까요?

마술 중간중간에 책상 끝으로 컵을 이동하는 작업을 반복합니다.

Point 마술사는 포일로 싼 컵을 책상 끝으로 이동하면서 컵이 무릎 위로 떨어지게 합니다. 이때 포일은 컵 형태를 그대로 유지할 수 있도록 하여 관객은 컵이 포일 안에 있을 거라고 믿게하는 동작이 필요합니다. 이 마술의 포인트는 착각을 유도하는 것입니다.

어느 순간 마술사는 관객들 모르게 컵을 자신의 무릎 위로 떨어지게 합니다.

종합적 사고가 발명에 미치는 영향

마술 재료는 하나씩 분리되어 있지 않고 서로 시간과 공간으로 연결되어 있습니다. 마술사는 보이지 않게 연결된 재료를 이용하지만 관객들은 그것이 어떻게 연결되었는지를 눈치 채지 못합니다. 이러한 과정을 통해 불가사의할 것만 같은 마술이 가능한 것입니다.

종합적 사고를 활용한 마술

풍선 안에 휴대 전화 넣기

마술사는 관객 중 한 사람을 불러낸 후 풍선을 불게 합니다. 그런 다음 관객에게 가지고 있던 휴대 전화를 5초 안에 풍선 속으로 넣어 보라고 합니다.
1초, 2초, 3초, 4초, 5초 땡! 이런, 관객은 실패했군요.

이번엔 마술사가 도전합니다. 풍선을 분 다음 1초, 2초, 3초, 4초, 5초, 어라, 휴대 전화가 풍선 안으로 들어가 버렸네요. 어떻게 이런 일이…

QR CODE를 스캔하면 동영상을 볼 수 있습니다.

마술 도구 풍선, 휴대 전화

따라하기

1 먼저 풍선을 휴대 전화보다 크게 불어 줍니다.

2 한 손은 풍선 주입구를 잡고 다른 한 손은 휴대 전화를 잘 잡은 후 풍선 아래쪽에 밀착시켜 줍니다.

Point 이때 반드시 휴대 전화를 잡고 있어야 바닥으로 떨어지지 않습니다.

3 손으로 잡았던 풍선 주입구를 활짝 열면서 풍선쪽으로 휴대 전화를 강하게 밀어 줍니다.

4 풍선 안에 있던 바람이 빠지면서 휴대 전화가 풍선 안으로 들어갑니다. 마술사는 풍선 아래쪽도 확인시켜 줍니다.

5 이번에는 풍선을 찢고 그 속에 있는 휴대 전화를 꺼냅니다.

마술 비밀의 원리를 찾아라!

이 마술의 비밀은 풍선 안의 바람이 빠질 때 마술사의 재빠른 손동작으로 인해 휴대 전화가 풍선 속으로 들어가는 것이 아니라 풍선이 휴대 전화를 감싸도록 하는 것입니다.

준비물은 휴대 전화와 풍선뿐임을 보여 줍니다.

풍선 안으로 휴대 전화를 넣는 동작입니다.

트리 트리 매직 트리즈 얍!

마술사는 풍선으로 감싼 휴대 전화의 앞과 뒤를 보여 줄 때 비밀이 들키지 않도록 주의합니다.

휴대 전화가 풍선 속으로 들어갔음을 강조합니다.

관객들에게는 뒷면의 이러한 모습이 보이지 않도록 주의합니다.

상대방 전화번호 알아내기(전화번호 맞교환)

이 마술은 처음 만난 사람의 전화번호와 나의 전화번호를 간단한 숫자 놀이를 통해 서로 알아내는 것입니다. 계산기를 이용하여 서로의 전화번호를 알아내는 마술, 시작해 볼까요?

숫자 계산만 했을 뿐인데…

띠리~링

마술사는 내 전화번호를 어떻게 알아냈을까요?

QR CODE를 스캔하면 동영상을 볼 수 있습니다.

마술 도구 휴대 전화, 계산기(또는 휴대 전화 안의 계산기 앱 활용)

따라하기

1 마술사는 관객 한 명을 지명하여 숫자 놀이로 전화번호를 교환하자고 합니다.

2 관객에게 자신의 휴대 전화에서 계산기 앱을 실행하라고 합니다.

3 관객에게 자신의 전화번호 중 앞자리 '010'을 제외한 중간 자리의 수 4자리를 누르라고 합니다.

Point 이때 중간 자리가 3자리인 경우에도 상관 없습니다.

4 기호 중 ⊠ 곱셈 기호를 누르고 숫자 ②⑤⓪을 차례대로 누르게 한 후 ⊟을 눌러 곱셈 값을 구하게 합니다.

5 다시 ☒ 곱셈 기호를 누르고 숫자 ⑧⓪을 입력한 후 ⊜을 눌러 계산 값을 구하게 합니다.

6 이번에는 ⊞ 덧셈 기호를 누르게 합니다.

7 관객 자신의 휴대 전화 번호 중 마지막 4자리의 숫자를 누르게 합니다.

8 다시 ⑤와 ⑥을 한 번 더 반복하게 합니다.

9 마지막으로 ⊜을 눌러 계산 값을 구하라고 합니다.

10 마술사는 상대방의 휴대 전화를 달라고 하여 해당 휴대 전화에서 ⊟ 나눗셈 기호를 누르고 숫자 ②를 누릅니다.

Point 마술사가 나누기 2를 하면 바로 관객의 전화번호가 화면에 뜨게 됩니다. 이 번호를 암기합니다.

11 마술사는 휴대 전화에 있는 계산기를 초기화한 후 관객에게 돌려 줍니다.

12 마술사는 자신의 휴대 전화로 관객의 전화번호를 누릅니다.

13 띠리링~, 관객의 휴대 전화가 울립니다. 관객은 깜짝 놀라겠지요?

마술 비밀의 원리를 찾아라!

이 마술의 결정적인 순간은 마술사가 계산기에서 ÷ 2를 하면 바로 관객의 전화번호가 나타난다는 것입니다. 복잡해 보이지만 사실은 아주 간단한 숫자 놀이입니다.

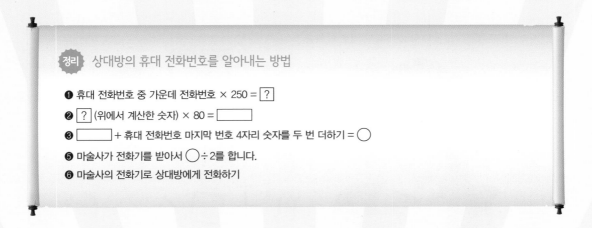

정리 상대방의 휴대 전화번호를 알아내는 방법

❶ 휴대 전화번호 중 가운데 전화번호 × 250 = [?]

❷ [?] (위에서 계산한 숫자) × 80 = [   ]

❸ [   ] + 휴대 전화번호 마지막 번호 4자리 숫자를 두 번 더하기 = ◯

❺ 마술사가 전화기를 받아서 ◯÷2를 합니다.

❻ 마술사의 전화기로 상대방에게 전화하기

예 상대방의 전화번호가 '010-1234-5678'이라고 할 때 따라해 볼까요?

1 관객은 자신의 전화번호 중 가운데 번호 1234 × 250 = 308,500

2 ❶의 계산 값에 80을 곱합니다. 308,500 × 80 = 24,680,000

3 다시 마지막 번호 5678을 두 번 반복하여 더합니다.
24,680,000 + 5678 + 5678 = 24,691,356

4 마술사는 전화기를 받아서 24,691,356를 2로 나누면 관객이 입력한 전화번호 123456780이 나옵니다.
24691356 ÷ 2 = 12,345,678

5 마술사는 휴대 전화의 계산기에 있던 숫자를 외우고 계산기를 초기화한 후, 전화기는 관객에게 돌려 줍니다.

Point 복잡해 보이지만 마술사가 나누기 2를 함으로써, 상대방의 전화번호가 화면에 나타나는 것이 포인트입니다.

6 마술사는 자신의 휴대 전화로 외운 숫자를 누르고 **통화** 버튼을 누르면 신기하게도 상대방의 휴대 전화가 울립니다.

Point 나와 상대방의 전화번호가 각자의 휴대 전화에 자동으로 뜬 것이 확인되었나요? 이제 저장하면 되겠지요?

띠리링~

혼자하기 3

게스 씽킹(guess thinking)

마술사는 다양한 카드와 보드판을 이용하여 관객과 간단히 이야기를 주고받으면서 관객이 좋아하는 카드의 모양이나 숫자, 꽃 이름 등을 텔레파시로 알아낼 수 있다고 합니다. 어떻게 가능할까요?

시작해 볼까요?

QR CODE를 스캔하면 동영상을 볼 수 있습니다.

마술 도구 3칸짜리 보드와 다양한 모양의 카드

따라하기

1 먼저 마술에 사용할 3칸짜리 보드와 다양한 그림들이 있는 카드를 보여 줍니다.

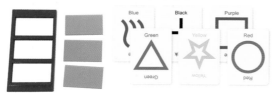

2 지명한 관객에게 좋아하는 숫자를 생각한 후 텔레파시를 보내라고 합니다.

3 텔레파시를 받은 마술사는 보드판에 숫자를 씁니다.

숫자를 씁니다.

4 해당 칸을 막은 후 관객에게 보드판을 보여 줍니다.

숫자가 찍힌 곳을 가립니다.

5 이제 어떤 숫자를 생각했는지 다른 사람들이 모두 들을 수 있도록 크게 말하라고 합니다.

"6이요."

6 두 번째는 좋아하는 꽃 이름을 생각해 보라고 한 후 역시 텔레파시를 보내라고 합니다.

7 마술사는 보드판에 꽃 이름을 기재하고 해당 칸을 막은 후 관객에게 보드판을 보여 줍니다.

8 역시 어떤 꽃을 생각했는지 모두 들을 수 있도록 크게 말하라고 합니다.

9 마지막으로 6장의 카드를 보여 주고 카드를 잘 섞은 후 관객이 원하는 카드를 선택하도록 합니다. 이때 마술사는 카드 앞면을 보지 않습니다.

10 텔레파시를 받은 마술사는 카드 모양을 보드판에 적은 다음 관객들에게 보여 줍니다.

11 같은 방법으로 어떤 카드를 선택했는지 모두 들을 수 있도록 크게 말하라고 합니다.

12 자, 이제 마술사가 어떤 답을 적었는지 확인해 볼 시간입니다. 하나씩 열어 볼까요?

13 모두 정답입니다. 마술사는 정말 텔레파시를 받았을까요?

이 마술의 비밀은 3개의 글을 쓸 수 있는 보드판에 있습니다. 다음 과 같은 방법으로 관객이 답을 말한 정답을 보드판에 기재함으로써 정 답을 모두 맞힐 수 있는 것입니다.

1 마술사는 관객에게 좋아하는 숫자가 무엇인지를 생각해 보라고 하면 서 잠시 텔레파시를 통하는 것처럼 행동한 후 보드판에 무엇인가를 씁니다. 마술사는 관객이 좋아하는 꽃 이름을 알 수 없기 때문에 아무 글이나 쓰고 해당 보드판을 가립니다.

Point 보드판을 닫았으므로 더 이상 고쳐서 적을 수 없다는 것을 확인시킨 후 어떤 숫자를 생각했는지 사람들이 알 수 있도록 큰 소리로 말해 달라고 합니다.

2 이번에는 관객이 좋아하는 색을 생각하라고 한 후 마술사는 그 색을 쓰는 것처럼 하지만 보드판에는 숫자를 쓰고 해당 보드판을 가리는 것입니다.

Point 동일하게 판을 가린 것을 확인시킨 후 다른 사람들이 알 수 있도록 좋아하는 색을 말해 달라고 합니다.

3 이번에는 여러 문양의 카드를 보여 주면서 한 가지를 뽑으라고 합니 다. 마술사는 카드의 뒷면만 보고도 어떤 문양인지를 알 수 있습니다. 여기서 한 가지 중요한 사실, 보드판은 한 칸씩 위로 밀어 올릴 수 있 습니다. 두 번째 질문의 답을 적고 보드판을 위로 밀어 올린 후에 마 지막 질문의 답인 카드의 문양을 보드판에 씁니다. 그리고 보드판을 가립니다. 처음 아무거나 썼던 글씨는 사라지고 보드판에서는 3개의 정답을 모두 확인할 수 있게 되는 것입니다.

종합적 사고(Multi Screen Thinking)는 문제를 종합적인 시각에서 바라보게 하는 트리즈 원리 중 하나로, 다면적 사고라고도 합니다. 종합적 사고는 문제나 상황을 바라볼 때 좁은 시각에서 보는 것이 아니라 시간과 공간을 확대하여 새처럼 높은 곳에서 바라보는 것입니다.

★ 사물들을 종합적으로 이해한다?

세상 모든 것이 하나로 연결된 것이라고 생각하는 것입니다. 예를 들어 풀, 메뚜기, 참새, 뱀, 매 그리고 모든 것을 분해하는 곰팡이의 관계를 먹이 사슬의 관계로 이해하는 것입니다.

만약 먹이 사슬 중 개체가 어느 하나라도 무너진다면 생태계는 많은 영향을 받게 됩니다. 예를 들어 들판에서 참새가 모두 사라진다면 메뚜기들이 늘어나서 농사를 망치는 현상이 발생합니다.

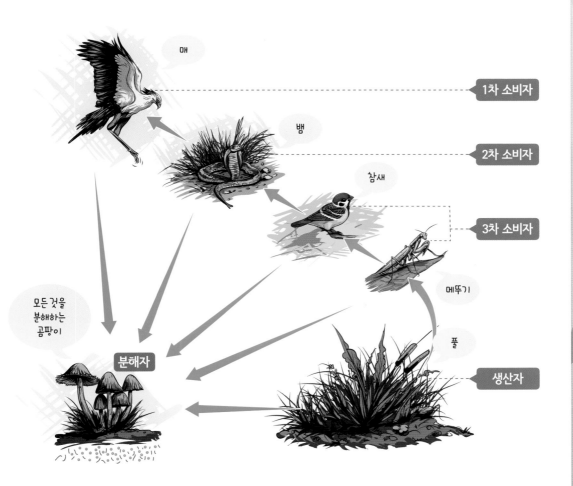

★ 종합적 사고는 시공간을 확대하는 사고방식이다.

　종합적 사고는 시간적인 측면에서 과거 · 현재 · 미래를 연결하고, 공간적인 측면에서는 상 · 중 · 하로 확장하여 생각하는 것입니다.

　예를 들어, 시간적인 측면에서 전화기는 과거 유선 다이얼식 전화기를 사용하다가 현재는 무선 휴대 전화기를 사용하고 있습니다. 더 나아가 미래에는 자유자재로 구부러지는 투명 멀티미디어 기기로 변화할 것으로 예상됩니다.

　공간적인 측면에서 상위 시스템을 생각해 보면 가정에서 전화기를 사용하는 공간도 단독 주택에서 아파트와 같은 고층 빌딩으로 이동하고 있습니다. 더 나아가 시공간을 초월하는 스마트 도시로 변화될 것입니다.

　그리고 전화기의 내부 구조를 해부해 보면 과거의 유선 다이얼식 전화기는 전자석을 이용하다가 무선 휴대 전화를 사용하는 현재는 반도체를 이용하고 있고, 미래에는 그래핀(graphene)과 같은 최첨단 소재를 이용하는 시대가 올 것입니다. 이처럼 여러 사물들이 시간과 공간면에서도 서로 긴밀하게 연결되어 있음을 알 수 있습니다.

▲ 전화기의 변천 예

파로스의 등대

기원전 280년경, 알렉산더 대왕이 건설한 알렉산드리아 파로스 섬에 세워진 파로스(pharos) 등대는 고대 7대 불가사의 중 하나입니다.

파로스 등대는 프톨레마이오스 1세 황제의 명령으로 건축가인 소스트라투스가 설계하고 건축까지 진행하여 프톨레마이오스 2세 때 완성하였습니다. 완공 후에는 등대 상단부에 황제의 이름을 새길 것을 명령했지만, 소스트라투스는 이 훌륭한 건축물을 자신이 설계하고 건축했음을 후대에까지 알리고 싶었습니다. 하지만 건축가의 이름을 건축물에 새기면 황제 모독 또는 다른 이유로 처형될 것이 분명했습니다. 그리하여 소스트라투스는 한 가지 꾀를 냈습니다.

소스트라투스는 이러한 문제를 어떻게 해결했을까요?

▲ 파로스의 등대 상상화

소스트라투스는 오랜 시간이 흐른 후에야 자신의 이름이 등대에 나타나도록 하는 방법을 생각해 냈습니다. 먼저 자신의 이름을 새기고 난 다음, 그곳을 덧칠하고 왕의 이름을 기록한 것입니다. 이로 인해 오랜 시간이 흐른 뒤에 등대가 부식되어 칠이 벗겨지면서 건축가의 이름이 나타나도록 한 것입니다.

장을 활용한 마술

매직 트리즈의 실전

03

장의 활용

마술은 세상의 수많은 자원과 장(field)을 활용합니다. 장이란 만화에서 자주 나오는 것으로 보이지 않는 에너지 파를 뜻합니다. 장을 활용하면 물체가 놀랍게 변화될 수 있지만 우리의 눈에는 보이지 않습니다. 이러한 이유로 마술에서는 장을 많이 활용합니다.

함께하기 · **지폐를 통과하는 볼펜**

관객에게 빌린 지폐를 볼펜으로 과감하게 뚫어 볼까요? 그런데 놀랍게도 지폐에서 볼펜을 빼면 구멍은 사라지고 지폐 본래의 상태가 됩니다. 이 마술에는 어떤 비밀이 숨어 있을까요?

여러분은 준비된 도구 없이 함부로 지폐를 손상시키면 안 됩니다.

QR CODE를 스캔하면 동영상을 볼 수 있습니다.

마술 도구 지폐, 특수 볼펜

1 마술사는 준비한 지폐와 볼펜을 보여 줍니다.

2 먼저 볼펜에 콧기름을 바르세요. 이제 과감하게 볼펜으로 지폐를 뚫습니다.

3 다시 지폐를 원상복구하겠다고 합니다. 마술사는 주문을 외운 후 지폐에서 볼펜을 뺍니다. 어찌 되었을까요?

이 마술의 비밀은 볼펜에 있는 특수 자석입니다. 이 볼펜은 아주 강력한 자기장을 가진 네오디뮴 자석으로 만들었습니다. 먼저 똑같이 생긴 볼펜의 머리 부분을 미리 준비합니다. 관객이 보는 것은 자석이 없는 가짜 볼펜입니다. 이후 마술을 할 때는 네오디뮴 자석으로 만든 볼펜을 지폐 아래로 가져오기 위한 과정에서 반드시 콧기름을 발라주는 작업이 포인트입니다.

Point 네오디뮴 자석(Neodymium Magnet, 희토류 자석): 잘 깨지지 않고 자력이 매우 강해서 현재 가장 널리 사용되고 있습니다.

헉!
지폐에 구멍이
뚫렸어요.

힌트
지폐에 구멍이 뚫리도록
볼펜을 세게 내리치지만,
사실은 분리된 볼펜 앞머리와
뒷부분을 지폐 사이로 맞대면
자석끼리 붙는 것입니다.

짜잔,
원상 복구!

특수 볼펜

Point 사전 준비 없이 함부로 지폐에 구멍을 뚫지 않도록 주의합니다.

장의 활용이 발명에 미치는 영향

장이란 에너지 파를 말합니다. 장에는 기계 · 소리 · 열 · 화학 반응 · 전기 · 자기 에너지 등 여섯 가지 기본적인 형태가 있습니다. 더불어 중력 · 핵력 등 기본적인 장도 있으며 과학이 발달할수록 더 많은 장이 발견되고 있습니다. 장 자체는 보이지는 않지만 보이는 물체를 변화시키는 역할을 합니다.

혼자하기 1

장을 활용한 마술

흔적 없이 사라지는 종이

마술사는 관객의 소원이 담긴 종이를 재도 남지 않게 모두 사라지게 합니다. 어떻게 재도 남지 않을까요?

불타는 종이는 옛날 소련의 정보기관인 KGB가 만들었다고 합니다. 이 종이는 화학 반응을 이용한 것으로 재가 남지 않고 타버리는 특수 화약 종이입니다. 일명 '플래시 페이퍼'라고 하며 마술사들이 마술에 자주 애용하고 있습니다.

QR CODE를 스캔하면 동영상을 볼 수 있습니다.

마술 도구 특수 종이, 불(촛불 혹은 라이터), 사탕이나 초콜릿 등

따라하기

1 종이와 촛불 혹은 라이터 등을 준비합니다.

Point 어린이들이 라이터나 성냥을 사용할 때는 화상이나 화재에 유의하도록 합니다.

2 마술사는 종이에 관객이 바라는 소원 혹은 훌훌 날려 버리고 싶은 글귀를 써서 보여 줍니다.

Point 마술에 사용하는 특수 종이는 값이 고가이므로 마술에서만 사용하는 게 좋겠지요?

3 마술사는 종이를 여러 번 접은 후 불을 붙여 공중으로 날립니다.

4 짜잔! 재도 남지 않고 종이가 사라졌습니다.

경우에 따라 준비한 간식을 떨구기도 합니다.

혼자하기 2

매직 전구

우리의 상식으로는 전구에 불이 들어오게 하려면 전기가 있어야 합니다. 그런데 전구에 전기를 연결하지 않고도 마술사의 움직임에 따라 불이 켜졌다 꺼졌다 합니다. 어떻게 이런 일이 가능할까요?

> 전기를 연결하지 않고도 불을 켜요.

마술 도구 특수 전구

QR CODE를 스캔하면 동영상을 볼 수 있습니다.

따라하기

1 마술사는 우리가 일상에서 쉽게 구할 수 있을 듯한 전구를 보여 줍니다.

2 마술사가 손가락으로 '딱' 소리를 내니까 전구에 불이 켜집니다.

> 딱!

> 보시다시피 전기를 연결하지 않고도 전구에 불이 들어 왔습니다.

3 마술사는 이곳저곳에 손가락을 대 봅니다. 그럴 때마다 불이 켜졌다 꺼졌다. 어찌된 일일까요?

> ....

> 반짝

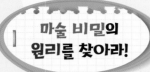
이 전구의 비밀은 배터리가 내장된 마술 전구와 마술사의 손가락에 낀 반지입니다. 이 반지는 전기가 흐르는 물질로 되어 있어서 전구 하단의 금속 부분에 반지가 닿으면 전기가 흐르는 스위치의 역할을 하여 전구에 불이 켜지게 됩니다.

전기도 없이 손만 닿았을 뿐인데 불이 켜집니다.

마술과 한 뿌리
트리즈 원리

56쪽에서처럼 장(field)이란 에너지(氣, energy)로 이해하면 됩니다. 에너지는 보이지는 않지만 세상을 움직입니다. 우리 주변에서 장을 이용하는 예를 찾아보면 다음과 같습니다.

예1 개나 고양이의 침입을 막기 위해 나무 울타리 대신에 음향 울타리로 대체합니다.

예2 늑대가 양에게 접근하는 것을 막기 위해 양치기를 두는 대신 전기 충격이나 소리를 발산하여 외부 동물들의 침입을 차단합니다.

예3 모기를 퇴치하기 위해 독특한 향을 피우거나 소리를 발산하여 모기의 접근을 사전에 예방합니다.

예4 기차의 발달 과정을 살펴보면 사람이나 동물의 힘으로 움직이다가 증기 에너지, 전기 에너지를 거쳐 최근에는 자기 에너지를 이용합니다.

에너지는 상호 변환이 가능하므로 전기를 열로 바꾸면 요리를 할 수 있는 도구를 만들 수도 있습니다. 이처럼 에너지를 바꾸는 것도 좋은 발명이 될 수 있습니다.

예 전기   열   전파   소리

에너지의 활용(장 에너지의 연관 관계)

트리즈는 에너지파에 해당하는 장을 활용합니다. 사람들은 먼 거리를 보다 쉽고 빠르게 가기 위해 다양한 교통수단을 발명하였습니다. 특히 기차가 탄생하기까지 다양한 에너지를 활용하여 새롭게 탄생했다는 사실, 여러분은 알고 있나요?

1. 기계 에너지의 활용

기계 에너지는 바퀴, 기어, 벨트, 나사 등을 서로 연결하여 에너지를 전달하는 방식입니다. 대표적인 예로는 레일 바이크나 자전거 등을 생각하면 이해하기 쉬우며, 이 장치들은 움직이는 데 힘이 많이 드는 단점이 있습니다.

2. 열에너지의 활용

열에너지를 이용하는 증기 기관의 발명으로 동물이나 사람의 힘을 빌리지 않고도 석탄을 태워 열에너지를 공급하여 기계를 움직입니다. 이때부터 기계나 배, 기차, 자동차 등 많은 교통수단이 생산되기 시작합니다.

3. 화학 에너지의 활용

화학 반응을 이용하여 에너지를 얻는 방식으로, 고체인 석탄보다 효율이 더 높은 석유를 연소시켜 기차를 움직입니다. 현재 우리가 많이 사용하는 휴대 전화의 배터리가 화학 에너지의 대표적인 예입니다.

4. 전기 에너지의 활용

전기 에너지는 전자의 이동을 이용하여 세상을 움직이는 방식입니다. 발전소에서 생산된 전기 에너지를 여러 분야에서 사용할 수 있게 되면서 전동차를 교통수단으로 사용하기 시작합니다. 우리가 일상에서 전기 에너지를 이용하는 제품으로는 전등과 다양한 전기 제품 등이 있습니다.

5. 자기 에너지의 활용

자석의 힘을 이용하여 사물을 움직이는 것으로, 위의 어떠한 것보다 강한 에너지입니다. 우리나라를 예로 들면, 서울에서 부산까지 몇 시간 만에 달릴 수 있는 KTX나 SRT가 일상화되어 활용되고 있습니다.

그렇다면 미래의 교통수단은 어떻게 발전할까요?

위에서 소개한 에너지 외에 핵분열·핵융합 등의 핵 반응에서 방출되는 핵에너지와 회전하는 물체에서 나오는 힘인 토션 에너지 등이 있습니다. 머지않아 많은 것이 하늘로 날아다니는 시대가 올 것입니다. 배와 자동차, 오토바이는 이미 날기 시작했습니다. 미래에는 자전거와 기차도 날아다니는 날이 오지 않을까요?

과학 원리를 활용한 마술

물리, 화학, 수학, 기하학의 원리를 이용하면 보다 재미있고 신기한 마술이 되는 것이 많습니다. 마술에 과학 원리를 어떻게 활용하는지 알아볼까요?

함께하기 · 저절로 묶이는 링(Drop Ring)

먼저 원형의 줄과 링을 준비합니다. 마술사가 링을 떨어뜨렸지만, 놀랍게도 링이 줄에 스스로 묶여서 목걸이를 만들었습니다. 어찌된 일일까요?

같이 해 볼까요?

트리 트리 매직 트리즈~ 목걸이가 되어라. 얍!

QR CODE를 스캔하면 동영상을 볼 수 있습니다.

마술 도구 링 1개, 목걸이 줄 1개

1 먼저 준비한 링과 원형의 줄을 관객들에게 보여 줍니다.

2 한 손은 엄지와 검지로 링을 잡고, 다른 손의 엄지와 검지로는 원형의 줄을 잡도록 합니다.

링과 원형의 줄을 그림처럼 잡으셨나요?

3 원형의 줄을 잡은 손에서 중지를 줄 안쪽으로 살짝 걸어서 줄이 회전할 수 있도록 합니다.

어라! 어느새 하나로 연결되었군요.

4 그런 다음 줄을 링 위로 올립니다. 순식간에 무슨 일이 일어났 을까요?

5 와우, 링이 줄에 걸렸습니다. 목걸이로 사용해도 되겠군요.

현재 링과 줄은 분리되어 있습니다.

Point 이 마술은 물리의 원리를 이용한 것으로 동그란 고리 모양의 링을 아래로 떨굴 때, 적절한 각도로 회전하면서 떨어지도록 하면 링이 손가락에 부딪히면서 링에 회전력이 생겨 원형의 줄 안으로 빠르게 걸려 들어가는 것입니다. 마술사는 실수하지 않도록 연습을 많이 해야 합니다. 만약 실수를 하더라도 당황하지 말고 침착하게 다시 시도하세요.

드롭 링 마술은 중력, 작용·반작용, 회전력, 원심력, 구심력, 마찰력과 같이 여섯 가지의 다양한 자연 법칙을 활용한 것입니다.

이 중에서도 특히 원심력의 원리를 이용하는 것으로 힘과 방향 조절이 매우 중요합니다. 왜냐하면 90° 이하로 회전하는 링을 줄에 걸리게 하는 것은 과학적으로 어렵기 때문입니다. 또한 회전이 90°를 넘는 순간 줄과 링 사이에 마찰력이 생기므로 180° 이상으로 회전할 수도 없습니다.

그런데 링이 떨어질 때 손가락에 걸리면서 원심력이 작용하여 돕니다. 이때 줄에 걸리면서 생기는 마찰력으로 인해 각도가 줄어들면서 10°에서 45° 사이의 각도가 만들어지면서 회전하도록 하는 것이 중요합니다.

Point 이 마술에 사용된 원심력, 구심력, 마찰력의 의미는 다음과 같습니다.
- 원심력: 원 운동을 하는 물체가 바깥으로 튕겨져 나가려는 힘(반대는 구심력)을 말합니다.
- 구심력: 물체가 원 운동을 할 때 원의 중심부로 향하는 힘을 말합니다.
- 마찰력: 물체와 물체의 접촉면 사이에서 물체의 운동을 방해하는 힘을 말합니다.
- 작용·반작용: 힘을 받는 물체도 반대로 상대에게 힘을 주는 것을 말합니다.

예 일상생활에서 원심력을 이해할 수 있는 경우를 알아볼까요?

회전하는 놀이 기구

놀이 기구가 돌면, 그 안에 타고 있는 사람들은 밖으로 튕겨 나갈 것 같은 힘을 받는 것은 원심력 때문입니다.

기차나 자동차가 달리는 커브 길

기차나 자동차는 커브 길에서 원심력 때문에 밖으로 미끄러질 수 있는데 이것은 무거운 물체일수록 원심력이 크게 작용하기 때문입니다. 따라서 도로는 사고를 방지하기 위해 커브 길의 안쪽이 기울어지도록 설계합니다.

쏟아지지 않는 물(Amazing Water)

마술사는 다양한 도구를 이용하여 우리에게 신기한 마술을 보여 줍니다. 물을 넣은 투명한 컵을 뒤집은 후 이리저리 움직여봐도 컵 속의 물은 쏟아지지 않습니다. 어떻게 한 것일까요?

마술사가 주문을 외우면 컵 속의 물은 절대로 쏟아 지지 않습니다.

다시 주문을 외우면 컵 속의 물이 주르륵 쏟아집니다.

QR CODE를 스캔하면 동영상을 볼 수 있습니다.

마술 도구 투명 컵, 물, 물을 버릴 쓰레기통 또는 투명 그릇

따라하기

1 먼저 투명 컵과 물을 담은 종이컵을 관객들에게 보여 준 후 종이컵의 물을 투명 컵에 따라 줍니다.

2 물이 든 투명 컵의 입구 쪽을 손바닥으로 잘 막아 주고, 조심스럽게 컵을 거꾸로 뒤집어 보세요. 이때 물이 쏟아지지 않도록 주의합니다.

4 이제 컵 안의 물을 쏟아내 볼까요? 물을 버릴 통을 준비한 후에 다시 주문을 외워 보세요.

3 마술사는 주문을 외우면서 투명 컵의 입구를 막았던 손을 살며시 때어 냅니다. 이때 컵 속의 물은 어찌될까요?

이 마술은 기압과 컵의 입구를 막아 주는 투명한 뚜껑 그리고 컵에 숨겨진 작은 구멍의 조합으로 탄생되었습니다. 어떤 비밀이 숨어 있는 지 알아볼까요?

1 마술사는 투명 컵에 있는 작은 구멍을 엄지손가락으로 잘 막은 상태에 서 물을 담도록 합니다.

2 마술사가 손바닥으로 컵의 입구를 막는 것처럼 보이지만, 사실은 관객 이 알아채지 못하도록 빠른 동작으로 컵과 같은 소재의 투명 뚜껑으로 입구를 막는 것입니다.

관객이 컵에 있는 구멍을 알아채지 못하도록 주의를 기울이세요.

빠른 동작으로 투명 뚜껑을 이용하여 입구를 막도록 합니다.

3 컵을 거꾸로 들어도 물이 쏟아지지 않는 이유는 물이 든 컵 내부에서 는 공기의 압력이 유지되려는 힘이 컵 속의 물과 뚜껑을 잡고 있기 때 문에 물이 쏟아지지 않는 것입니다.

사실은 투명 뚜껑으로 입구를 막고 있답니다.

4 그렇다면 마술사가 신호를 주면 물이 쏟아지는 것은 어떻게 한 것일까요? 엄지손가락으로 컵에 있는 비밀의 구멍을 막고 있을 때는 컵 내부가 밀폐되어 있으므로 공기의 압력을 유지하려는 힘이 작용하지만, 구멍을 막았던 손을 떼면 이 구멍으로 공기가 들어오고 컵 내부의 압력이 사라지면서 물이 쏟아지는 것입니다.

컵의 구멍을 막고 있던 엄지손가락을 뗍니다.

물의 압력과 함께 투명 뚜껑은 통 안으로 떨어집니다.

이 컵은 마술을 위해 특수 제작된 것입니다.

마술과 한 뿌리
트리즈 원리

과학 원리는 자연 법칙을 말하며, 모든 마술과 발명의 기초가 됩니다. 자연 법칙에는 만유인력의 법칙, 작용·반작용의 법칙 등의 물리 법칙이 있고, 에너지 보존의 법칙, 화학 반응 등의 화학 법칙이 있습니다.

또한 사칙 연산, 확률 통계 등의 수학 법칙이 있고, 피타고라스 정리, 유클리드 기하학, 오일러 공식 등 기하학적 법칙도 있습니다.

우리는 학교에서 물리, 화학, 생물, 지구과학, 수학 등 자연 과학이라는 이름으로 자연 법칙에 대해 배웁니다. 자연 법칙을 잘 알면 훌륭한 발명을 많이 할 수 있으며, 재미있는 마술도 만들 수 있습니다.

여러분도 학교에서 배우는 과학 원리를 응용하여 새로운 발명과 기발한 마술에 적용해 보면 어떨까요?

자연 법칙과 문제 해결과의 관계

우리가 어떤 문제를 해결하기 위해서는 문제에 대한 일반적 정의에 따라 원하는 것을 달성할 수 있는 자연 법칙을 파악하는 것이 문제 해결의 첫 단계입니다. 자연 법칙을 이해하면 문제 해결의 관건이 되는 모순을 찾을 수도 있습니다.

한 가지의 자연 법칙으로 문제가 해결되는 경우도 있지만, 대부분은 몇 가지의 법칙을 결합하여 문제를 해결합니다. 따라서 평소 학교에서 배우는 과학 시간이 재미있는 발명의 기초가 될 수 있도록 많은 관심을 가져 보도록 하세요.

압전 효과(에너지 하베스팅, energy harvesting)

평소 버려진 에너지를 사용할 수 있다면 얼마나 좋을까요? 에너지 수확 기술이란 우리가 무심코 흘려보내는 운동, 진동, 빛, 소리, 압력 등의 에너지들을 다양한 장치를 이용하여 더욱 유용한 에너지로 변환하고 저장하는 기술을 말합니다. 압전 효과는 대표적인 에너지 수확 기술로 현재 가장 활용도가 높습니다.

압전 효과란 압력을 가하여 에너지를 발생시키는 압전체를 이용하여 기계적 에너지와 전기적 에너지가 상호 변환하는 것을 말합니다. 납이나 세라믹과 같은 압전체에 압력이나 진동을 가하면 전기가 생성되고, 반대로 전기적 에너지를 주면 기계적 변화를 일으킬 수 있습니다. 압전체를 압전 소자라고도 합니다.

Point 물리학에서의 압전 효과: 압력, 온도, 진동 등 기계적 변화를 주면 전기가 발생하고 반대로 전기를 가하면 물질의 모양이 변하는 성질을 말합니다.

★ 실생활에서 압전 효과를 이용한 사례를 알아볼까요?

예1 지하철역이나 백화점과 같이 많은 사람이 다니는 곳의 바닥에 에너지 변환 장치를 설치하면 그 위로 가해지는 충격을 이용하여 전기 에너지를 생산하여 활용할 수 있습니다. 또한 도로에 압전 소자를 묻어두면 차량 통행에 의해 발생하는 압력을 전력으로 전환하여 저장한 후 활용합니다.

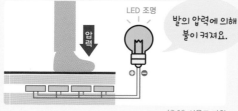

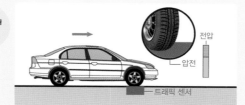

〈출처〉 사운드 파워

예2 가스레인지나 라이터에 불을 켜기 위해 스위치를 누를 때 발생하는 압력이 압전체를 거치면서 전기적 에너지로 변환됩니다. 이때 발생하는 전기 불꽃이 가스와 만나 점화되면서 불을 켭니다.

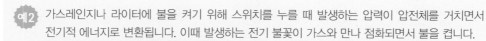

이외에도 우리 주변에는 카메라, 휴대 전화, 자동차, 가습기, 초음파 진단기 등 압전 효과를 이용한 제품들이 많이 있습니다.

MAGIC
& TRIZ

3

트리즈의 모순 해결 원리를 마술에 활용해요

 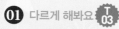

다르게 해봐요 T 03

우리는 습관적으로 전체를 똑같이 만들려고 하지만 때로는 어떤 물건의 기능이나 성질을 다르게 함으로써 더 좋은 상품으로 거듭날 수 있습니다. 이처럼 일부의 기능을 변형해서 탄생한 마술에는 어떤 것이 있는지 알아볼까요?

함께하기 점핑 스팟(Jumping Spot)

이 마술은 우리 주변에서 쉽게 구할 수 있는 나무젓가락에 갑자기 점이 생기고, 그 점이 다시 사라지게도 합니다. 더욱 놀라운 것은 다른 나무젓가락으로 순간 이동하는 듯한 착각을 일으키는 것입니다.

지금부터 나무젓가락을 잘 보세요.

점핑 스팟은 '점이 이동한다'는 의미에서 붙여진 이름입니다.

QR CODE를 스캔하면 동영상을 볼 수 있습니다.

마술 도구 나무젓가락 2개, 스티커, 매직 마커

1 마술사는 나무젓가락을 위아래로 움직이면서 관객들에게 아무것도 없음을 확인시킵니다.

2 나무젓가락이 손바닥 아래를 통과하면 젓가락에 점이 생깁니다.

3 나무젓가락을 위아래로 움직이면서 앞뒤에 하트가 생긴 것을 보여 줍니다.

4 마술사는 다시 손바닥 아래를 통과하면 점이 사라진다고 하면서 주문을 외웁니다.

5 나무젓가락을 위아래로 움직이면서 앞뒤에 있던 모든 점이 사라졌음을 확인시킵니다.

Point 마술을 할 때 나무젓가락을 너무 빠르게 움직이려고 하지 마세요. 천천히 일정한 속도를 유지하면서 위아래로 움직이도록 합니다.

이 마술은 점(혹은 스티커)이 붙어 있는 나무젓가락의 위치 변환을 사람의 눈이 제대로 인식하지 못하는 것을 이용하는 것입니다. 관객들은 같은 면을 보고 있지만, 마술사의 노련한 손동작으로 마치 앞면과 뒷면을 보는 듯한 착각을 일으키도록 하는 것이 포인트입니다.

힌트

하트가 있는 쪽을 관객이
바라 보도록 조정하세요.

하트가 있는 쪽을
마술사가 바라 보도록
조정하세요.
이때 손의 움직임이
중요합니다.

우리 눈이 보지 못하는 이유

사람의 눈은 1초에 볼 수 있는 이미지 수가 24개뿐이라고 합니다. 따라서 나무젓가락을 아주 빠르게 움직이면 눈은 이미지를 보아도 뇌는 인식하지 못합니다. 왜냐하면 우리는 눈으로 사물을 본다고 생각하지만, 눈은 렌즈의 역할만 할 뿐이고, 이미지를 인식하는 것은 시신경을 통해 뇌가 인식하기 때문입니다.

혼자하기 ①

카드의 문양 바꾸기

이 마술은 카드에 있는 문양이 다른 문양으로 바뀌게 하는 것입니다. 어떻게 가능할까요?

가운데 카드를 바꾸겠습니다.

마술사인 저는 카드의 그림을 바꿀 수 있답니다.

QR CODE를 스캔하면 동영상을 볼 수 있습니다.

마술 도구 카드 3장(부록 02의 숫자 카드를 오려서 사용하세요.)

따라하기

① 관객들에게 준비한 세 장의 카드를 보여 줍니다.

카드의 문양을 잘 기억하세요.

③ 마술사는 가운데 카드를 뽑습니다.

② 카드 뒷면을 보이게 하여 아래로 내린 후 관객들에게 어떤 카드들이 있었는지 물어 봅니다.

각 카드의 문양을 이야기해 보세요.

④ 뽑은 카드는 확인하지 않고 나머지 두 장의 카드만을 보여 줍니다.

나머지 한 장의 카드 문양은 무엇인가요?

5 마술사는 주문을 외우면 따로 빼놓은 카드의 모양이 바뀐다고 말합니다.

트리트리 매직 트리즈 얍!

6 빼놓았던 카드를 뒤집어서 보여 주는데 어찌된 일인지 카드의 문양이 바뀌었습니다.

신기하게도 하트 문양으로 바뀌었습니다.

마술 비밀의 원리를 찾아라!

이 마술의 비밀은 가운데 카드에 있습니다. 사람들은 일반적으로 카드의 위아래 문양이 같을 것이라고 생각하지만, 사실은 한 장의 카드는 위와 아래의 문양이 서로 다릅니다. 따라서 마술사는 관객에게 카드를 보여줄 때 카드의 위아래 위치를 바꾸는 동작으로 관객들을 속일 수 있는 것입니다.

이것은 비밀카드입니다.

미움카드를 오려서 사랑카드에 셀로판테이프로 붙이면 비밀 카드가 됩니다.

오려서 만든 카드사이에 카드를 한장 끼웁니다.

혼자하기 2

도미노 스팟(Domino Spot)_관객의 예측을 틀리게 하는 마술

관객에게 카드의 앞면과 뒷면을 보여 줍니다. 다시 카드를 뒤집었을 때 나올 원의 수를 예측하게 합니다. 그런데 마술사가 카드를 뒤집을 때마다 관객이 예측하지 못한 수가 계속 나옵니다. 어떻게 가능할까요?

QR CODE를 스캔하면 동영상을 볼 수 있습니다.

카드를 뒤집으면 몇 개의 원이 나올까요?

마술 도구 특수 카드

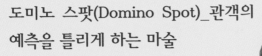

따라하기

1 마술사는 카드를 보여 줍니다. 앞면은 원이 1개입니다.

2 카드를 뒤집었더니 뒷면에는 원이 4개입니다.

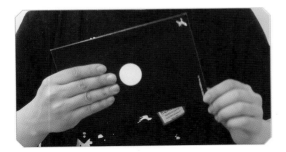

다시 카드를 뒤집으면 몇 개의 원이 나올까요?

3 다시 앞면을 보여 줍니다. 그런데 원이 3개로 바뀌었습니다.

원이 1개가 아니고, 왜 3개 일까요?

4 다시 뒷면을 보여 줍니다. 이번에는 원이 6개로 바뀌었습니다.

이게 어찌된 일일까요? 원의 수가 자꾸만 바뀝니다.

이 마술은 자석 기능을 가진 원형 틀과 그것을 붙일 수 있는 물질 (철판 등)로 만든 판이 있어야 합니다.

먼저 같은 모양의 원형 틀을 여러 장 준비합니다.

원형 틀 뒷면에는 자석 그리고 검은색 판 안에는 얇은 철판이 숨어 있습니다.

마술사의 능숙한 손동작이 중요합니다.

위와 같은 원리를 이용하여 마술사는 검은색 판에 여러 장의 원형 틀을 자유자재로 붙인 후 움직입니다.

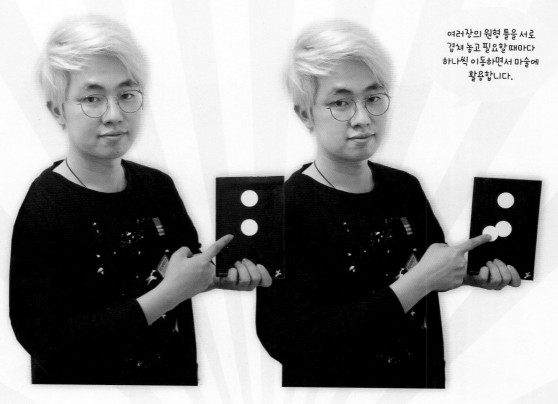

여러 장의 원형 틀을 서로 겹쳐 놓고 필요할 때마다 하나씩 이동하면서 마술에 활용합니다.

자, 그러면 여러 장의 원형 틀을 어떻게 활용하는지 알아볼까요?
아래의 검은색 판에는 몇 개의 원형 틀이 있을까요?

또 해볼까요?

여러분도 많은 연습을 통해 다양한 묘기를 펼쳐 보세요.

트리즈의 발명 원리 40개 중 세 번째인 차별화의 원리는 '전체가 모두 똑같을 필요는 없다.'라는 것입니다. 이것은 물건의 특정 부분을 바꾸거나 추가하여 다르게 하는 원리를 말합니다. 이때 가장 중요한 것은 전체의 기능은 훼손하지 않으면서 특정 기능을 추가하거나 보강하는 것입니다. 이처럼 뭔가 상식과 다르게 만드는 원리를 이용하면 보다 재미있는 마술을 만들 수 있습니다.

★ 일부를 다르게 바꾸었을 때 개선된 예를 살펴볼까요?

망치	다기능 망치 OK!	머리 양쪽이 모두 못을 박는 기능을 가진 망치를 한 쪽은 못을 박고 다른 한 쪽은 못을 뺄 수 있도록 기능을 개선할 수 있습니다.
냉장고	다기능 냉장고 OK!	냉장고의 일부를 다르게 변형하여 홈 바나 정수기 등을 추가하면 냉장고를 더 효율적으로 사용할 수 있으면서도 에너지를 절약할 수 있습니다.
일반 안경 렌즈	다초점 렌즈 OK!	근시와 원시를 모두 가진 사람에게 적합한 다초점 렌즈가 있습니다. 아래쪽에는 가까운 거리를 볼 수 있도록 근시형 렌즈로 만들고, 중간 부분은 거리에 따라 도수를 변하게 하며 위쪽에는 먼 거리를 볼 수 있도록 원시형 렌즈로 만듭니다.
장갑	다용도 장갑 OK!	일반 장갑을 끼고 생활할 때의 불편을 덜어 주기 위해 장갑의 일부 손가락은 스마트폰을 터치하거나 물건을 잡을 수 있도록 다르게 만듭니다.
주차장	약자 배려 주차장 OK!	공용 주차장을 같은 구조가 아닌 장애인, 임산부 등을 배려하는 공간으로 구분하여 만듭니다.

차별화의 활용

★ 불고기를 굽는 불판에도 차별화의 원리가 있다?

고기 불판이 모두 똑같을 필요는 없습니다. 집에서 고기를 구울 때보면 가운데는 잘 익지만 가장자리는 잘 익지 않습니다. 이럴 때 숯불이나 열선을 전체적으로 고르지 않게 배열하는 방법이 있습니다. 예를 들어, 숯불을 이용할 때 가운데는 숯을 적게 넣고 가장자리로 갈수록 많이 넣습니다. 열선도 마찬가지 방식으로 배열합니다.

▲ 고기 굽는 판

★ 우리가 타고 다니는 열차에도 차별화 원리를 활용한다?

예전의 기차나 전철의 모든 객차 차량은 같은 구조와 원리를 사용했지만 지금은 열차 안에 각종 전용 칸들을 마련하여 특성을 달리하고 있습니다.

첫째, 열차의 종류로는 와인 열차, 눈꽃 열차, 벚꽃 열차 등 다양하고, 열차 안에도 카페, 식당, 영화, 약냉방, 자전거, 컴퓨터 등과 같이 각각의 고유 기능을 가지고 있는 칸을 만들어 운영합니다.

▲ 카페 전용 칸

둘째, 서울 지하철에서는 약냉방 칸을 운영하고 있는데 1·2·3·4호선은 3호차와 6호차, 5·6·7호선에서는 4호차와 5호차, 8호선에서는 3호차와 5호차에서 약냉방 칸을 운영하고 있습니다.

┌ 2칸 약냉방 칸 ┐

▲ 5, 6, 7호선은 네 번째, 다섯 번째 칸 / 8호선은 세 번째, 네 번째 칸이 약냉방 칸으로 설정되어 있습니다.

겹쳐 봐요 T07

가끔 우리는 보관할 물건은 많은데 공간이 좁아서 애먹었던 경험이 있을겁니다. 좁은 공간에 많은 물건을 보관할 때에는 펼쳐 놓기보다는 서로 포개어 쌓는 것이 더 유리합니다. 그렇다면 포개기 원리를 이용하여 탄생한 마술에는 어떤 것이 있는지 알아볼까요?

함께하기 컵스 & 볼스(Cups & Balls)_컵을 통과하는 공?

이 마술은 책상 위에 3개의 컵과 그 앞에 공을 하나씩 펼쳐 놓고 시작합니다. 한 개의 공을 가운데 컵 위에 올려놓고 양쪽 두 개의 컵을 가운데 컵 위에 포개어 놓으면 신기하게도 컵 위에 있던 공은 가장 아래의 컵 바닥으로 내려오게 됩니다. 마치 공이 컵을 통과하듯 같은 방법을 반복하다 보면 3개의 공이 모두 바닥으로 내려와 있는 신기한 마술입니다. 공에 발이라도 달린 걸까요?

공을
잘 보세요.

QR CODE를
스캔하면 동영상을
볼 수 있습니다.

마술 도구 컵 3개, 볼 4개

1 먼저 3개의 컵과 3개의 공을 책상 위에 펼쳐 놓습니다.

공을 컵 위에
올려 놓으세요.

2 공 하나를 집어 가운데 컵 위에 올려 놓습니다.

3 양쪽 두 개의 컵을 가운데 컵 위에 포개 놓습니다. 마술사는 공이 컵을 통과해서 바닥으로 떨어진다고
이야기한 후 마법의 주문을 외웁니다.

이동   이동

트리 트리
매직 트리즈 얍!

4 컵을 들어 올려서 공이 컵을 통과한 것을 관객들에게 확인시킵니다.

오잉,
공이 바닥으로…

컵 위에 있던 공이
바닥에 있는 것을
확인했나요?

5 다시 컵을 하나씩 내려놓습니다. 가운데 컵 위에 공을 하나 올리고 **3**번 동작을 반복합니다.

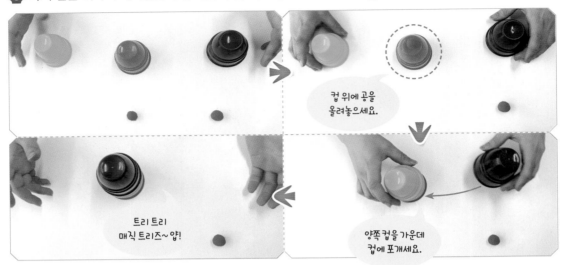

컵 위에 공을
올려놓으세요.

트리 트리
매직 트리즈~ 얍!

양쪽 컵을 가운데
컵에 포개세요.

6 하나로 포개진 컵을 들어 보면 이번에도 공이 컵을 통과하여 바닥으로 내려왔습니다.

바닥에
두 개의 공이
모였습니다.

7 마지막으로 한 번 **5**번의 동작을 반복합니다.

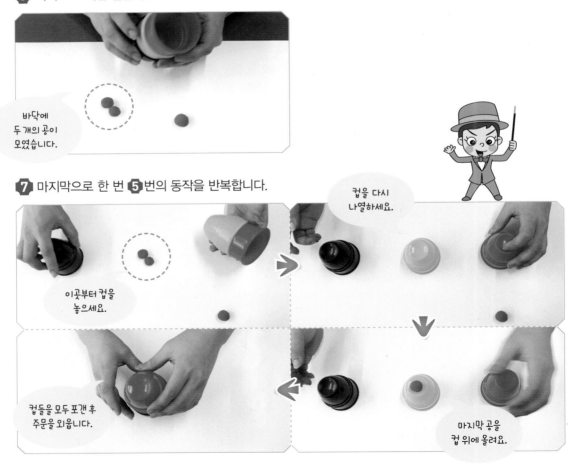

컵을 다시
나열하세요.

이곳부터 컵을
놓으세요.

컵들을 모두 포갠 후
주문을 외웁니다.

마지막 공을
컵 위에 올려요.

8 또 다시 컵을 들어 올리면 공이 모두 바닥으로 통과된 것을 볼 수 있습니다.

짜잔~ 3개의 공이 다 모였습니다. 신기하지요?

Point 컵과 컵 사이는 반드시 공간이 분리되어 있어야 합니다. 따라서 종이컵을 사용할 때 컵을 눕혀 놓는 것이 좋습니다. 만약, 컵을 새로 살 경우에는 컵들을 포갤 때 컵과 컵 사이의 공간이 분리되는 컵을 선택하는 것이 좋습니다.

마술 비밀의 원리를 찾아라!

    이 마술은 마술사가 따로 준비한 비밀의 공 하나를 관객들 모르게 컵과 컵 사이의 공간이 분리된 곳에 숨겨 놓고 시작하는 것입니다. 관객들은 3개의 공만을 보고 있지만, 마술사는 4개의 공을 가지고 마술을 합니다.

    비밀은 4번째 공입니다. 맨 위의 컵에는 3개의 공이 담겨 있습니다. 그리고 중간에 있는 컵에 또 하나의 공이 숨어 있습니다. 즉 가운데 컵에 관객들이 모르는 숨겨진 공이 들어 있는 것입니다. 관객은 이런 줄도 모르고 빈 컵만 있다고 믿는 것입니다.

가운데 컵에는 또 하나의 빨간 공이 숨어 있답니다.

맨 위의 컵에는 3개의 공이 담겨 있습니다.

종이로 만든 지갑(Easy Money)_
이곳에선 무엇이 나올까?

마술사는 종이로 만든 지갑 하나를 관객들에게 보여 준 후 이곳에서 무엇이 나올지 잘 보라고 합니다. 관객들이 보았을 때는 단지 종이 같은데 지갑이라니! 무엇이 나올까요?

> 관객 여러분!
> 여기에 집중하세요.

QR CODE를 스캔하면 동영상을 볼 수 있습니다.

마술 도구 종이로 만든 지갑, 서로 다른 글이 담긴 종이 3장 (혹은 1,000원, 5,000원, 10,000원짜리 지폐)

따라하기

1 먼저 마술사가 종이로 만든 작은 지갑을 보여 준 후 지갑을 펼쳤더니 무언가 나옵니다.

2 종이 지갑 안에서 나온 것은 "아껴 쓰자!"라는 글이 적힌 종이입니다.

> 자, 종이 지갑을 펼쳐 볼까요?

> 궁금!

Point 여기서는 글이 담긴 종이를 사용했지만 여러분은 1,000원, 5,000원, 10,000원짜리 지폐를 이용해 보세요.

3 종이를 꺼낸 후, 관객들에게 지갑의 앞뒤를 뒤집어 보이면서 아무것도 없음을 확인시킵니다.

6 다시 종이를 빼고 지갑의 앞뒤를 보여준 후 한 번 더 지갑을 닫고 주문을 외웁니다.

4 다시 종이 지갑을 반으로 접으세요.

5 마술사는 관객들에게 또 무엇이 나올지 기대하라고 하면서 다시 주문을 외운 다음 지갑을 펼칩니다.

7 지갑을 다시 열었더니 이번에는 "나눠 쓰자!"라는 글이 적힌 종이가 나왔습니다. 지갑에는 어떤 원리가 숨어 있을까요?

"또, 다른 글자가 나왔군요. 어디에 숨었다가 계속해서 나오는 것일까요?"

8 여러분은 1,000원, 5,000원, 10,000원짜리 지폐를 가지고 도전해 보세요.

마술 비밀의 원리를 찾아라!

이 마술은 종이 지갑을 접었다가 펼칠 때마다 그 속에서 다른 글귀가 적힌 종이가 나옵니다. 마술에 사용된 지갑은 2장의 종이로 만들었지만, 이곳에 숨은 비밀은 지갑 안에 4개의 공간을 만들고 세 개의 공간에 각각의 내용물(글이 적힌 종이 또는 지폐 등)을 미리 넣어 둔 것입니다. 이로 인해 마술사가 종이 지갑을 뒤집는 방향에 따라 그 속에 숨겨 놓았던 내용물들이 하나씩 나오도록 한 것입니다.

포개기 원리를 적용한 마술

볼 & 베이스(Ball & Base)_공이 동에 번쩍, 서에 번쩍!

동그란 플라스틱을 열었더니 빨간 공이 나옵니다. 마술사가 공을 요리조리 움직일 때마다 공이 사라지고 나타나기를 반복합니다. 마술사는 어떻게 했을까요?

과연, 이 손에는 공이 들어 있을까요?

QR CODE를 스캔하면 동영상을 볼 수 있습니다.

마술 도구 동그란 플라스틱 마술 도구

따라하기

1 마술사는 동그란 플라스틱의 뚜껑을 열어서 그 안에 무엇이 있는지 관객들에게 보여 줍니다.

마술 도구입니다.

뚜껑을 열었더니 빨간 공이 있군요.

2 마술사는 빨간 공을 꺼내서 관객들에게 보여 준 후 플라스틱 뚜껑을 닫습니다.

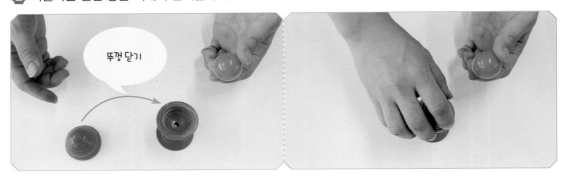

3 양손으로 공을 잡은 후 공을 사라지게 하겠다면서 주문을 외웁니다.

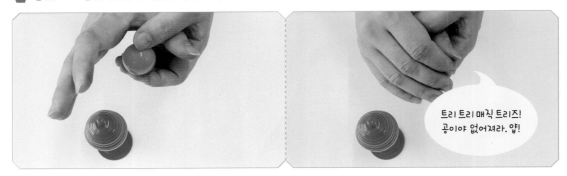

4 마술사는 천천히 손가락을 펼쳐 보입니다. 그런데 공이 사라졌습니다. 공은 어디에 있을까요? 플라스틱 통을 열어 볼까요?

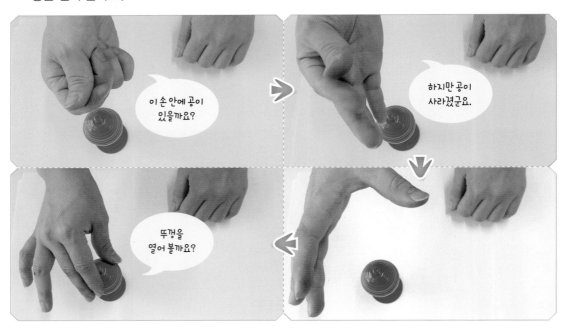

5 플라스틱 뚜껑을 열어 보았지만 공은 안에도 없습니다. 마술사는 뚜껑을 닫고 사라진 공을 공중에서 잡아 다시 집어넣는 손동작을 합니다.

6 마술사가 다시 플라스틱 뚜껑을 열었더니 그 안에 공이 들어 있네요. 신기하지요?

7 마술사는 공을 확인하고 다시 뚜껑을 닫습니다.

8 그런데 마술사가 주문을 외우면서 두 손을 비볐더니 손에서 공이 나왔습니다.

9 이 공은 어떻게 통을 빠져 나왔을까요?

마술 비밀의 원리를 찾아라!

이 마술 도구는 플라스틱 통 안에 하나의 공만 있는 것같지만 플라스틱 통의 뚜껑을 열면 그 안에는 가짜 공 모양의 판이 하나 더 숨겨져 있음을 아무도 몰랐을 것입니다.

트리즈의 발명 원리 40개 중 일곱 번째인 포개기 원리는 한 물체 속에 또 다른 물체를 집어넣는 것입니다. 이 원리는 어떤 것들을 포개거나 통과시킴으로써 좁은 공간을 효율적으로 활용할 수 있게 합니다. 포개기 원리는 나무로 만든 러시아 인형의 이름을 따서 '마트료시카 원리'라고도 합니다.

마술과 한 뿌리
트리즈 원리

★ 실생활에서 포개기 원리를 이용한 사례로는 무엇이 있을까요?

자전거 주차

수많은 자전거를 효과적으로 주차할 수는 없을까?

자전거 전용 주차장을 타원형으로 만들면 OK!

자전거들을 도로에 주차하면 많은 공간을 차지하지만, 수직으로 된 자전거 전용 주차장에 나선형으로 주차하면 좁은 공간에 더 많은 자전거를 주차할 수 있습니다.

쇼핑 카트 보관소

좁은 공간에 쇼핑 카트를 더 많이 보관할 수는 없을까?

쇼핑 카트를 서로 포개면 OK!

쇼핑 카트를 하나씩 세우기보다는 서로 겹쳐 놓으면 좁은 공간에도 더 많이 보관할 수 있습니다.

다양한 크기의 사다리

사다리를 고층 건물에서도 자유롭게 사용할 수는 없을까?

사다리차를 만들면 OK!

사다리차를 이동할 때는 길이가 짧아야 하지만 필요에 따라 길게 늘려서 사용할 수 있도록 줄었다 늘어났다 할 수 있어야 합니다.

다양한 그릇

캠핑을 갈 때 이 많은 그릇을 어떻게 가져가지?

코펠 하나면 OK!

캠핑을 할 때 사용하는 코펠이나 식기류는 크기에 따라 겹칠 수 있게 만들면 사용하지 않을 때는 겹쳐서 보관할 수 있도록 하여 공간을 절약할 수 있습니다.

포개기의 활용

★ 볼수록 신기한 마트료시카 인형 제작에 숨은 비밀은 무엇일까?

▲ 마트료시카 인형

러시아의 목각 인형 마트료시카는 러시아어로 여자 이름 마트로나의 애칭입니다. 표면에 보이는 인형의 몸체 안에는 조금 더 작은 인형이 들어 있고, 다시 그 안에 더 작은 인형을 넣는 작업을 반복하여 인형 안에 인형들이 포개져 있음을 알 수 있습니다.

이 인형은 1890년 러시아에서 처음 만든 것으로 일본에서 나온 기념품 중 하나를 보고 착안한 것이라고 합니다. 1900년 경부터 러시아 각지에서 여러 가지 마트료시카 인형이 제작되면서 러시아를 대표하는 민속 공예품으로 발전하였습니다.

대표적인 마트료시카 인형으로는 러시아의 역대 지도자들을 닮은 가장 큰 인형인 옐친, 그 다음은 고르바초프, 브레즈네프, 흐루시초프, 스탈린, 레닌, 니콜라이 2세, 예카테리나 2세, 이반 뇌제, 이반 3세 순으로 구성된 것입니다.

★ 세계 최초로 바다를 건넌 비행기에는 무슨 비밀이 숨어 있을까?

독일은 대륙을 횡단하는 비행기를 만들기 위해 연료통을 크게 제작하였지만 연료통이 커질수록 비행 속도가 느려져 대륙 횡단에 실패하였습니다.

그러던 중 1933년 세계 최초로 포개기 원리를 적용한 비행기인 독일 ANT-25가 대륙 횡단에 성공했습니다. 이 비행기는 연료를 저장할 공간을 연료통에서만 찾지 않고 빈 공간이 많은 날개쪽을 이용함으로써 더 많은 연료를 싣고 더 멀리 날아갈 수 있도록 개발한 것입니다. 이후 ANT-25를 개발한 아에로플로트(Aeroflot)사는 1930년대에 들어서면서 40만 명이 넘는 인원과 4,000대의 항공기를 운용하는 세계에서 가장 큰 민간 항공사가 되었습니다.

반대 힘을 이용해요 🎩T08

무거운 물체를 들어 올리려면 힘을 많이 써야 한다고 생각하지만 그럴 필요가 없습니다. 때로는 반대되는 힘을 이용함으로써 노력을 덜 들이고도 물체를 쉽게 움직일 수 있기 때문입니다. 이처럼 다른 힘을 역이용하여 탄생한 마술에는 어떤 것이 있는지 알아볼까요?

함께하기 차이니즈 스틱(Chiness Stick)_한쪽이 올라가면 반대쪽은?

내려가면 올라오고 올라가면 또 내려가는 이상하고 요상한 마술 한번 보실래요? 이 마술에는 중국의 정통 마술에서 사용하는 차이니즈 스틱을 이용합니다. 두 개의 스틱, 즉 막대기는 서로 연결된 고리도 없고 붙어 있지도 않지만 신기하게도 서로 투명한 끈으로 묶인 것처럼 함께 움직입니다.

특히 차이니즈 스틱에 연결된 예쁜 수술이 오르락내리락하는데 한쪽에서 내리면 반대쪽에서 올라가고, 반대쪽에서 올리면 다른 쪽이 내려가는 마술입니다. 여기에는 어떤 비밀이 숨어 있을까요?

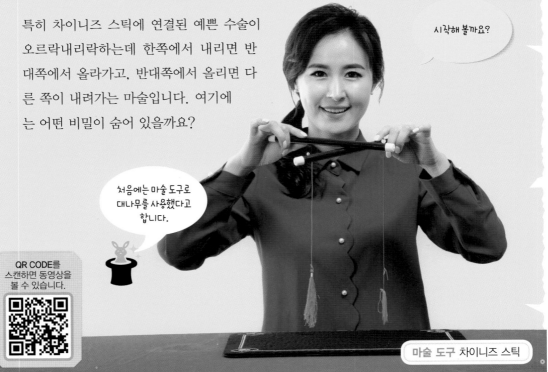

시작해 볼까요?

처음에는 마술 도구로 대나무를 사용했다고 합니다.

QR CODE를 스캔하면 동영상을 볼 수 있습니다.

마술 도구 차이니즈 스틱

1️⃣ 마술사는 줄이 달린 두 개의 스틱을 보여 줍니다. 이때 두 스틱의 줄이 이어져 있다고 이야기 합니다.

2️⃣ 한쪽스틱을 아래로 비스듬히 기울이면 다른 쪽 스틱의 줄이 위로 당겨 집니다.

올라가고

내려가고

Point 처음엔 두 막대기를 함께 잡아서 보여줍니다. 그러면 사람들은 두 개의 막대기가 붙은 것으로 착각합니다.

3️⃣ 다시 반대 방향으로 스틱을 기울이면 역시 다른 쪽의 줄이 당겨집니다.

4️⃣ 길게 늘어진 스틱의 줄을 당기면 역시 반대쪽 스틱의 줄이 당겨집니다.

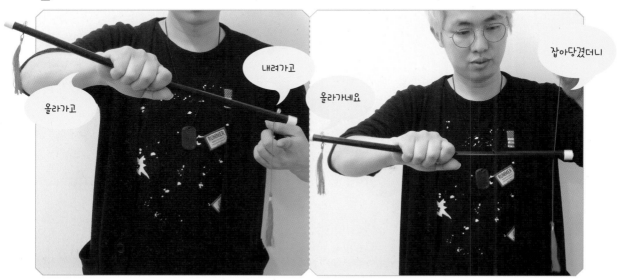

올라가고

내려가고

올라가네요

잡아당겼더니

Point 오른쪽의 수술을 잡아당기면 왼쪽의 수술이 올라가고, 왼쪽의 수술을 잡아당기면 오른쪽의 수술이 올라갑니다. 또 두 개가 동시에 올라가게도 할 수 있음을 이야기 합니다.

5 이번에는 스틱을 두 개로 분리해 볼까요?

Point 사람들이 신기해 할 때 막대기를 나누는 것을 보여줍니다. 사람들은 두 개의 막대기가 이어진 것으로 생각하고 있다가 깜짝 놀랄 것입니다. 그리고 스틱이 따로 떨어져 있음에도 서로의 줄이 움직이고 수술도 위 아래로 움직이는 것을 볼 수 있습니다.

6 한쪽 스틱의 줄을 위로 당겨 보세요. 스틱을 분리했는데도 다른쪽 스틱의 줄이 당겨집니다.

Point 자! 좀 더 재미있게 하려면 코에 대고 숨을 들이마셔 보세요. 그럼 콧구멍으로 쏙 들어가는 것처럼 보입니다.

7 이번에는 잡아 당겼던 줄을 놓았더니 아래로 길게 늘어집니다. 다시 반대쪽 줄을 잡아 당기면 어떻게 될까요?

이 신기한 막대기 마술에는 어떤 놀라운 비밀이 숨어 있을까요? 이 마술은 평형추 원리를 이용한 것으로 텅 빈 막대기 안의 비밀 공간에는 줄을 잡아당길 때 균형을 맞추기 위한 무게 추가 들어 있습니다. 추의 소재로는 납이나 무거운 쇠를 사용합니다.

힌트
막대기 안에는
무게 추가
숨어 있습니다.

이 무게 추를 통해 끈을 당기기도 하고 올리기도 합니다. 즉 막대기를 위로 들면 막대기 안의 추가 줄을 끌고 내려가기 때문에 관객이 보기엔 수술이 위로 올라가는 것처럼 보일 수 있습니다.

막대기를 위로 올리면
추의 끄는 힘으로 인해
수술이 위로 올라갑니다.

막대기가 아래로 향하면
수술도 아래로 내려갑니다.

팽이로 숫자 맞히기

마술사는 우리가 일상생활에서 흔하게 보았던 팽이를 가지고 관객이 좋아하는 숫자를 맞힐 수 있다고 합니다. 어떻게 가능할까요?

> 내가 선택한 숫자를 팽이가 찾아준다고?

마술 도구 요술 팽이

QR CODE를 스캔하면 동영상을 볼 수 있습니다.

따라하기

1 마술사는 준비한 팽이를 관객에게 보여 주면서 좋아하는 숫자가 무엇인지 물어 봅니다.

2 관객이 숫자 4를 좋아한다고 가정해 볼까요?

> 어떤 숫자를 좋아하나요?

> 아하, 숫자 4를 좋아하는군요.

3 마술사는 이 팽이로 관객이 말한 숫자를 맞추어 보겠다고 하면서 바닥에 팽이를 놓고 돌립니다.

> 자, 팽이를 돌려 보겠습니다.

4 마술사는 팽이가 빙글빙글 돌다가 멈추면 관객이 말했던 숫자가 바닥을 향한 채로 멈춘다고 이야기합니다. 과연 그럴까요?

> 짜잔! 관객이 좋아하는 숫자 4에서 멈추었습니다.

이 팽이에는 어떤 비밀이 숨어 있기에 백발백중 관객이 좋아하는 숫자를 맞출 수 있을까요? 원리는 간단합니다. 팽이 안에는 구슬 형태의 추가 들어 있습니다. 마술사는 팽이를 돌리기 전에 관객이 선택한 숫자에 초점을 맞추고 팽이 하단의 뾰족한 곳을 살짝 눌러 주면 됩니다. 이때 관객이 눈치 채지 못하게 해야겠지요?

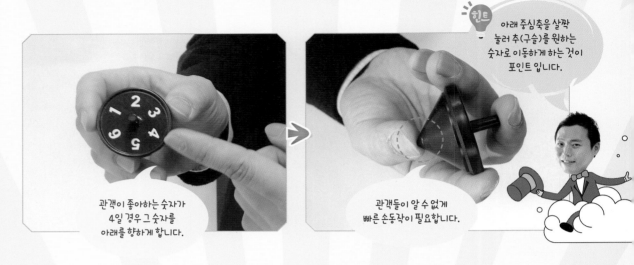

힌트

아래 중심축을 살짝 눌러 추(구슬)를 원하는 숫자로 이동하게 하는 것이 포인트 입니다.

관객이 좋아하는 숫자가 4일 경우 그 숫자를 아래를 향하게 합니다.

관객들이 알 수 없게 빠른 손동작이 필요합니다.

팽이가 빙글빙글 돌다가 멈출 때가 되면 팽이 안에 있던 구슬은 관객이 말한 숫자 부분에 있으므로 그 부분이 무거워지면서 바닥을 향하게 됩니다.

몇 번을 돌려도 숫자 4가 아래로 향합니다.

여러분도 새로운 숫자를 설정하여 팽이를 돌려 보세요. 이번에도 팽이는 숫자를 맞출 수 있을까요?

평형추의 원리를 적용한 마술

크로스 퍼즐(Cross Puzzle)_서로 연결한 퍼즐 조각이 분리되지 않는다고?

사람들은 여러 개의 조각을 서로 결합하여 다른 모형을 만드는 놀이를 좋아합니다. 마술사는 퍼즐 놀이를 살펴보다가 새로운 마술을 개발하였습니다. 그것은 바로 연결 고리가 있는 두 개의 퍼즐 조각을 하나로 결합하기는 쉽지만, 다시 분리하기는 쉽지 않은 마술입니다. 마술사는 쉽게 분리하는데 우리들은 쉽게 분리하지 못하는 퍼즐 조각, 어떤 원리를 이용하면 쉽게 분리할 수 있을까요?

자, 여기 두 개의 퍼즐 조각을 하나로 결합해 볼까요?

그런데 결합된 퍼즐 조각은 다시 분리할 수가 없네요. 어쩌지요?

마술 도구 두 개의 퍼즐 조각

QR CODE를 스캔하면 동영상을 볼 수 있습니다.

따라하기

① 먼저 준비한 퍼즐 조각을 관객들에게 보여 줍니다.

② 마술사는 퍼즐 조각의 안쪽에 추가 있어서 잘 분리되지 않는다고 하면서 퍼즐을 하나로 조립합니다.

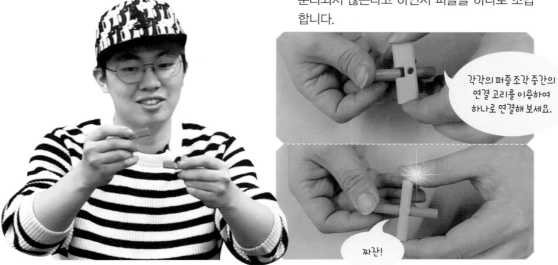

각각의 퍼즐 조각 중간의 연결 고리를 이용하여 하나로 연결해 보세요.

짜잔!

3 마술사는 퍼즐을 이리저리 움직이면서 자신은 3초면 이 퍼즐을 풀 수 있지만 관객들은 쉽게 풀지 못할것이라고 말합니다.

5 관객 한 사람이 퍼즐을 분리해 보려고 노력하지만 쉽게 풀리지 않습니다.

쉬울 것 같은데···, 왜 안 되지?

6 마술사는 회심의 미소를 지으면서 또 다른 관객에게 퍼즐을 분리해 보라고 합니다.

퍼즐을 이리저리 움직여도 쉽게 분리되지 않아요.

4 그러면서 관객들을 향해 조립된 퍼즐을 분리해 달라고 합니다.

자, 누가 이 퍼즐을 분리하실 건가요?

자, 이 퍼즐에는 어떤 비밀이 숨어 있을까요?

나도 발명 천재 마술사

이 마술의 원리는 원심력을 이용하는 것입니다. 각각의 퍼즐 조각에는 평형을 이루기 위한 추가 숨어 있습니다. 바닥에서 팽이를 돌리듯이 퍼즐을 회전시키면 원심력에 의해 안에 있는 추가 좌우로 이동하여 쉽게 분리됩니다.

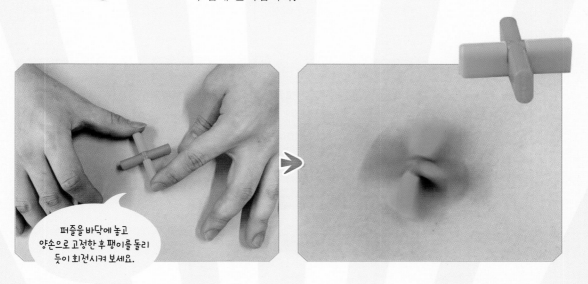

퍼즐을 바닥에 놓고 양손으로 고정한 후 팽이를 돌리듯이 회전시켜 보세요.

멈춘 퍼즐 조각 중 하나를 손으로 들면 결합되었던 퍼즐이 쉽게 분리되는 것을 볼 수 있습니다.

와, 퍼즐이 분리되었군요.

마술과 한 뿌리
트리즈 원리

평형추의 원리는 40가지 발명 원리 중 여덟 번째에 해당하는 것으로 공중 부양의 원리라고도 합니다. 이 원리는 다른 것과 비교하여 평형을 이루지 못하였을 때 평형으로 만들어 줄 수 있는 반대되는 힘을 이용하여 문제를 해결하는 것입니다. 세상에는 어떤 강한 힘을 상쇄시킬 수 있는 반대의 힘이 있으므로 이를 이용하면 재미있는 마술을 만들 수 있답니다.

★ 실생활에서 평형추의 원리를 이용한 사례로는 무엇이 있을까요?

지게차

크레인 OK!

크레인은 반대쪽에 무거운 추를 메달 았을 때 무거운 물체를 쉽게 들어올 릴 수 있고, 추의 위치를 변화시키면 지렛대의 원리에 따라 들어 올리는 무게를 조절할 수 있습니다.

비행기

수직 이착륙기 OK!

무게를 줄이기 위해 몸체에 헬륨 가스를 채운 비행기와 바닥 쪽으로 바람을 밀어내는 부력의 원리를 이용하여 활주로 없이 수직으로 이착륙할 수 있는 비행기를 개발하였습니다.

다리

다초점 렌즈현수교 OK!

명량 해역처럼 물의 흐름이 빠르고 깊은 바다나 강에는 교각을 설치하기가 어려우므로 교량을 아래쪽에서 받치는 대신 반대로 위쪽에서 들어 올리는 방식을 사용합니다.

항로 표시

부표 OK!

부력을 이용하는 부표는 선박의 안전 항해를 위한 항로 표시나 바닷속 깊이 가라앉은 좌초된 선박 등을 인양하기 위해 물위에 띄우는 항로 표지들을 말합니다.

도르래 원리

엘리베이터 OK!

엘리베이터는 평형추를 반대쪽에 매달아 오르내리는 원리를 이용했는데, 이것은 우물가에 있는 도르래를 생각하면 이해가 쉽습니다.

이외에도 매콤한 주꾸미를 먹을 때 싱거운 계란찜을 같이 먹도록 하여 매운맛을 중화시키고, 차가운 냉면을 먹을 때는 따뜻한 육수를 먹어 중화시키는 것도 평형추의 원리라고 할 수 있습니다.

실생활 속 평형추의 원리 활용

생활 속 트리즈
발명 원리

★ 우리는 스스로 하늘을 날아다닐 수 있을까요?

　　사람이나 물건을 공중으로 띄우고자 하는 노력은 끊임없이 이어지고 있습니다. 평형추의 원리(또는 공중 부양의 원리)는 반대되는 힘을 이용하는 것입니다. 보통 중력에 반대되는 힘으로 부력이나 자력, 양력을 이용합니다.

❶ 인류가 처음으로 하늘을 날려고 했을 때 공기보다 가벼운 기체인 수소, 헬륨 등을 채운 기구를 사용하였습니다. 몇몇 나라에서는 기구를 타고 하늘로 올라가 공중에서 시가지를 내려다보는 여행 상품도 있습니다. 최근에는 광고를 목적으로 애드벌룬을 이용하기도 합니다.

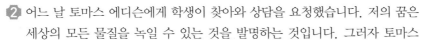

샤를르가 개발한 수소 기구 ▶

❷ 어느 날 토마스 에디슨에게 학생이 찾아와 상담을 요청했습니다. 저의 꿈은 세상의 모든 물질을 녹일 수 있는 것을 발명하는 것입니다. 그러자 토마스 에디슨은 그것은 불가능하므로 포기하라고 했습니다.
왜냐하면 엄청난 노력 끝에 해당 물질을 발명하더라도 세상에는 담을 그릇이 없기 때문입니다. 하지만 과학이 발전하여 평형추의 원리를 이용하는 자기장이나 초음파, 극초단파 등으로 물체를 공중에 띄워서 녹일 수 있는 기술이 개발되었습니다.

▲ **유도 가열**: 전류의 전자기 유도 원리를 이용하여 고주파 전자기장 속 즉, 전류가 흐르는 코일 속에 위치하는 열이나 전기를 잘 전달하는 금속과 같은 도전체를 가열하는 것을 말합니다.

> **예** 반도체 기판은 바닥에 붙어 있으면 오염되고, 떨어져있으면 멀리 달아납니다. 어떻게 해야 할까요?
> 공기, 정전기, 저주파, 자력 등을 이용하여 공중에 기판을 띄운 후 가공 작업을 하면 됩니다.

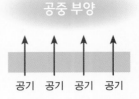

공중 부양

공기　공기　공기　공기

★ 하늘을 날게 하는 날개옷이 있다?

인류가 스스로 날고자 한 시도는 레오나르도 다빈치로 하여금 비행 기계를 설계하게 하였고, 이후 그의 끝없는 상상력과 비행에 관한 연구는 지금의 날개가 달린 날개옷과 헬리콥터 등을 설계하는 데 영감을 주었다고 합니다. 이후 지속된 노력 끝에 마침내 인류는 꿈의 날개옷(wingsuits)을 만들었습니다.

영화 '트랜스포머 3'에서 군인들이 입고 나온 옷을 기억하나요? 날개옷은 1930년대부터 많은 희생자를 내며 개발되었으며, 1998년경부터는 안전도가 높은 일반용으로도 판매되고 있습니다. 이 날개옷은 높은 벼랑 같은 곳에서 뛰어내릴 때는 몸의 움직임으로 속도를 조절하고, 착륙할 때는 낙하산이나 물을 이용합니다.

스카이다이빙의 경우 자유낙하 시간은 60초 정도지만, 날개옷은 3분 정도이고 속도는 시속 200㎞ 정도입니다. 지금은 스턴트맨이 실험하는 수준에서 날개옷을 입은 사람들이 날아다니고 있지만, 머지않아 누구나 날개옷을 입고 하늘을 자유롭게 날아다니는 날이 올 것입니다.

미리 반대로 해요 T09

영화 터미네이터에서 아무리 구부리고 때리고 망가뜨려도 원래 모습으로 되돌아가는 무시무시한 로봇을 본 적이 있나요? 영화 속 로봇처럼 변형된 특정 결과물이 다시 원래대로 되돌아가도록 사전에 준비해 놓는 것을 사전 반대 조치라고 합니다. 이처럼 사전 반대 조치를 이용한 마술에는 어떤 것이 있을까요?

함께하기 철사로 카드의 모양 맞히기

마술사가 화려한 손동작으로 카드들을 펼치면 관객은 맘에 드는 카드 한 장을 선택합니다. 관객은 마술사 모르게 선택한 카드를 본 다음 다시 중간에 끼워 넣고 카드들을 섞기까지 합니다. 이제 마술사는 관객이 뽑았던 카드를 찾아야 하는데 카드를 너무 잘 섞은 탓에 카드를 찾을 수가 없다고 합니다. 하지만 걱정도 잠시, 미리 준비한 마법의 철사가 카드를 찾아 줄 것입니다.

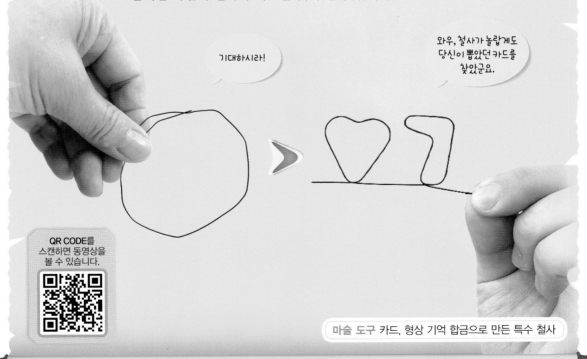

기대하시라!

와우, 철사가 놀랍게도 당신이 뽑았던 카드를 찾았군요.

QR CODE를 스캔하면 동영상을 볼 수 있습니다.

마술 도구 카드, 형상 기억 합금으로 만든 특수 철사

1 카드와 철사를 준비합니다.

2 마술사는 현란한 손동작과 함께 여러 장의 카드를 펼친 후 관객이 한 장의 하트 7 카드를 뽑도록 합니다.

원하는 카드를
한 장 뽑으세요.

Point 마술사는 관객이 어떤 카드를 뽑을지 이미 알고 있지만
모른 척합니다.

3 관객은 마술사 모르게 어떤 카드인지 확인 후 그 카드를 다시 중간에 끼워 넣습니다. 그런 다음 관객은
카드들을 받아서 여러 번 섞어 줍니다.

4 마술사는 관객이 뽑았던 카드를 찾는 척 하지만 일부러 다른 카드들을 관객들에게 보여 줍니다.

그럼 이 카드?

이 카드인가요?

Point 마술사는 관객들의 궁금증을 유발하기 위해 다양한 행
동을 취해야 한다는 것, 잊지 마세요.

5 마술사는 "걱정하지 마세요! 저에겐 마법사 해리 포터가 준 선물이 있답니다."라고 말하면서 미리 준비한
철사를 꺼낸 후 주문을 외웁니다.

트리 트리
매직 트리즈, 철사야
모양을 보여다오. 얍!

Point 마술사가 가지고 있는 철사는 형상 기억 합금으로 만든
특수한 철사입니다. 이 소재는 특정 모양을 기억하는 특수한 금
속으로 열과 같은 물리적 힘을 가하면 기억하고 있던 모양으로
돌아가는 성질을 가지고 있습니다.

6 마술사가 철사에 불을 대면 철사가 마치 살아있는 것처럼 저절로 움직이면서 관객이 고른 카드의 모양과 숫자를 만들어 줍니다. 정말 신기하지요?

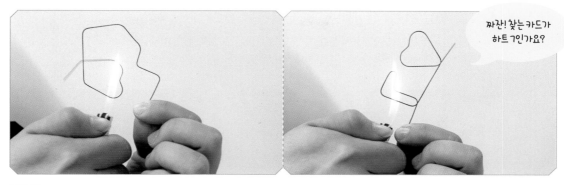

짜잔! 찾는 카드가 하트 7인가요?

Point 이 마술의 포인트는 마술사가 카드를 찾는 데 초점을 맞춘 것이 아니라 관객이 카드를 고를 때 방심하게 하여 특정 카드를 뽑도록 하는 것입니다.

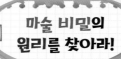

마술 비밀의 원리를 찾아라!

이 마술은 마술사가 철사를 이용하여 관객이 뽑았던 카드를 찾아낸 것처럼 보이지만, 여기에 숨어 있는 비밀은 관객 스스로가 카드를 고르는 것이 아니라 어찌된 영문인지 마술사가 미리 정해 놓은 카드를 고르게 된다는 점입니다.

이것은 포스(force)라고 하는 특수 손동작을 통해 반드시 정해진 카드(여기서는 하트 7)를 고르게 하는 기술입니다. 이와 함께 모형을 기억하는 형상 기억 합금을 이용하여 카드의 모형을 미리 제작해 놓고 그것을 마술에 이용한 것입니다.

특수 철사에 미리 기억해 놓은 특정 카드의 모양입니다.

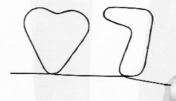

Point 1960년대에 미국의 W.블러가 발견한 형상 기억 합금은 어떤 물체가 망가지거나 변형되어도 열을 가하면 내부 조직이 이전 상태를 기억하고 있다가 원래의 형상으로 되돌아가는 합금을 말합니다. 현재 형상 기억 합금은 전투기, 인공위성의 안테나, 의료용 등에 사용되고 있습니다.

이외에도 아무리 깨뜨려도 다시 만들어지는 도자기 마술은 고대 중국과 인도에서도 있었습니다. 또 구부러진 숟가락이 다시 펴지거나 망가진 자동차가 순식간에 새 자동차로 변하는 등 다양한 마술이 있습니다.

109

3부 트리즈의 모순 해결 원리를 마술에 활용해요

혼자하기 ①

찢어진 카드 원상태로 되돌리기

누군가 찢은 카드를 순식간에 원래대로 만들 수 있다면 얼마나 좋을까요?

마술사가 주문을 외우면 정말 찢기 전의 카드로 되돌아 갈 수 있을까요?

QR CODE를
스캔하면 동영상을
볼 수 있습니다.

트리 트리
매직 트리즈,
원래대로~ 얍!

마술 도구 카드, 미라클 카드 케이스(마술 상자)

따라하기

1 마술사는 관객들에게 준비한 마술 상자와 카드를 보여 주고 카드를 잘 섞은 후 카드 한 장을 선택합니다.

2 마술사는 이 카드를 관객들에게 보여 준 후 관객들이 보는 앞에서 카드 일부를 찢습니다.

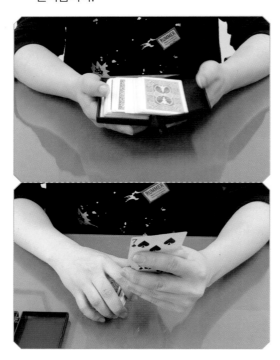

이래도 되는 겁니까?

3 마술사는 찢어진 카드를 다시 원 상태로 복구
하겠다고 하면서 준비한 마술 상자에 넣고 덮
은 후 주문을 외웁니다.

트리 트리 트리즈,
매직 트리즈~ 얍!

4 이제 뚜껑을 열어 볼까요? 어라, 카드가 원래의 상
태로 돌아왔군요. 마술사는 어떻게 한 것일까요?

짜잔!

와우, 카드가
원상복구 되었네요.

Point 이 마술의 포인트는 마술사가 카드를 섞은 후 임의의 카드를 선
택하는 것 같지만 사실은 반드시 정해진 카드를 뽑을 뿐 아니라 찢을 카
드와 똑같은 카드를 미리 마술 상자에 숨겨 놓아야 한다는 것입니다.

**마술 비밀의
원리를 찾아라!**

이 마술은 사전 반대 조치를 취하여 똑같은 카드와 미라클 카드 케
이스(마술 상자)를 준비하는 것이 포인트입니다. 여기에서 사용하는
미라클 카드 케이스는 이중 구조로 공간이 분리되어 있으므로 사전에
준비한 완전한 카드를 뚜껑 부분의 비밀 공간에 미리 넣어 두어야 합
니다.

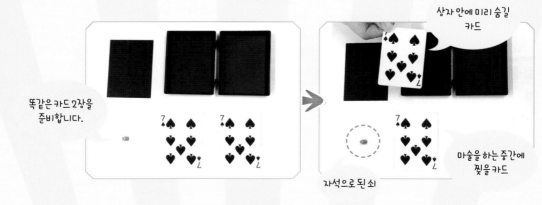

똑같은 카드 2장을
준비합니다.

상자 안에 미리 숨길
카드

자석으로 된 쇠

마술을 하는 중간에
찢을 카드

3부 트리즈의 모순 해결 원리를 마술에 활용해요

카드를 뒤집어서
상자에 넣습니다.

카드가 안 보이게
상자와 같은 색의 판으로
덮습니다.

이후, 관객 앞에서 찢은 카드를 마술 상자 아랫부분에 넣은 후 뚜껑을 덮으면 미리 넣어 둔 카드가 상자의 아래 부분에 떨어지고 중간에 분리시킨 검은판이 찢긴 카드를 가려서 보이지 않게 하는 것입니다.

여기서 비밀 하나! 카드와 카드 사이를 가려 주는 검은판은 얇은 철판으로 되어 있으므로 자석을 이용하면 쉽게 열 수 있습니다.

자석으로 된 도구는 철판을
들어 올릴때 사용합니다.

머니 프린트(money print)_돈이 뻥튀기 된다고?

현재 나에겐 1,000원짜리 지폐 한 장뿐입니다. 그런데 사고 싶은 물건은 3,000 원이라고 하네요. 갑자기 돈이 뻥튀기 되서 더 큰 돈이 만들어질 수는 없을까요?

더 큰 금액이 필요해요.

우와, 더 큰 금액으로 바뀌었습니다.

QR CODE를 스캔하면 동영상을 볼 수 있습니다.

마술 도구 머니 프린터, 1,000원과 5,000원(혹은 10,000원)짜리 지폐 각 1장씩

1 마술사는 가지고 있는 머니 프린터에 돈을 넣으면 더 큰 금액이 만들어진다고 합니다. 정말 그런 일이 일어날 수 있을까요?

2 이제 준비한 1,000원짜리 지폐를 머니 프린터 입구에 살짝 끼웁니다. 그런 다음 위쪽 노브를 돌려주면 1,000짜리 지폐가 안으로 말려 들어 갑니다.

여러분, 돈을 뻥 튀기해 보겠습니다.

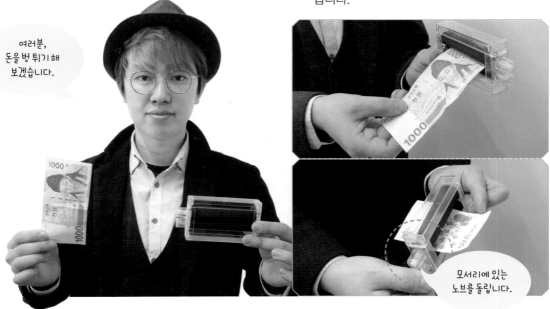

모서리에 있는 노브를 돌립니다.

3 앗, 1,000원짜리 지폐가 들어간 반대쪽으로 더 큰 금액의 지폐가 나오고 있습니다.

4 짜잔, 5,000원짜리 지폐로 바뀌었습니다. 횡재, 맞나요?

정말 신기하지요?

마술 비밀의
원리를 찾아라!

이 마술의 비밀은 미리 5,000원짜리 지폐를 머니 프린터 안에 숨겨 놓는 것입니다. 1,000원짜리 지폐를 끼우고 모서리에 있는 노브를 돌리면 지폐는 말려 들어가고, 머니 프린터 안에 미리 숨겼던 5,000원짜리 지폐가 반대쪽으로 밀려 나오는 원리를 이용한 것입니다.

지폐를 넣으면
머니 프린터 안에
저장됩니다.

노브

또 다른 지폐를
더 숨길 수 있습니다.

머니 프린터 안에
미리 숨겨 놓았던 지폐가
나옵니다.

노브를 돌립니다.

트리즈의 발명 원리 40가지 중 사전 조치의 원리에는 다음과 같이 세 가지 방식이 있습니다.

★ 사전 반대 조치 **T 09** 는 사전에 요구되는 작용·반작용을 수행하여 문제를 해결하는 방식입니다.

예 산불이 났을 때 불이 더 크게 번지는 것을 막기 위해 산이 타들어 가고 있는 곳의 맞은편에 불을 놓아 거센 불길을 잡기도 합니다.

★ 사전 준비 조치 **T 10** 는 사전에 요구되는 작용을 수행하거나 미리 물체를 최상위 동작 위치에 두고 공급에 필요한 시간 낭비를 피하는 방식입니다.

예 축구 또는 야구를 할 때 선수들이 던진 공이 어디로 떨어질지를 미리 예측하고 수비하는 선수가 미리 몸을 움직이는 것이 여기에 해당합니다.

★ 사전 예방 조치 **T 11** 는 어떤 물체의 신뢰성이 그다지 높지 않을 때 미리 준비된 비상 수단을 써서 보완하는 방식입니다.

예 우리가 병원에서 엉덩이에 주사를 맞을 때 아픈 것을 덜어 주기 위해 간호사가 미리 엉덩이를 살짝 때리는 것도 사전 예방 조치에 해당합니다.

★ 실생활에서 사전 조치의 원리를 이용한 사례로는 무엇이 있을까요?

음식

인스턴트 식품 OK!

조리 시간이나 자원이 부족할 때 즉석에서 손쉽게 먹을 수 있는 식품으로 비빔면, 통조림, 군인들의 전투 식량 등이 있습니다.

전단지

스티커 벽지 OK!

벽보나 벽지에 미리 풀과 같은 접착제를 발라 놓아 종이만 들고 다니면서 바로 붙일 수 있도록 한 것으로 스티커형 벽보, 양면 테이프형 벽지 등이 있습니다.

두루마리 화장지

화장지 절취선 OK!

우표나 두루마리 화장지를 보면 일정한 간격으로 절취선을 만들어 놓음으로써 잘 뜯을 수 있게 합니다.

생활 속 트리즈
발명 원리

비상식량

사람들은 산이나 바다로 캠핑을 가거나 사막과 같이 일상 공간을 벗어난 곳으로 여행을 떠날 때면, 그 지역의 여건을 생각하여 비상식량을 준비합니다. 비상식량은 보관과 조리가 편리하고 맛있으면서 먹기도 간편하여 음식을 먹는 사람들의 만족도를 높여 줄 수 있어야 합니다.

고대와 중세의 사람들은 비상식량으로 휴대가 편하고 오랜 시간 보존할 수 있는 식품들을 선호했습니다. 예를 들면 육포나 소금에 절인 고기, 견과류, 말린 과일과 딱딱한 건빵과 같은 쉽 비스킷 등입니다.

▲ 말린 과일

▲ 육포

▲ 견과류

▲ 쉽 비스킷

우리나라에서 조선시대 또는 그 이전부터 전해져 내려오는 전통적인 전투 식량을 찾아보면 찐 쌀과 인절미, 미숫가루 등이 있습니다.

▲ 찐 쌀

▲ 인절미

▲ 미숫가루

초고속으로 해봐요 🄣21

우리는 고속 열차를 타고 가면서 바깥 풍경을 보면 풍경이 매우 빠르게 지나가는 것을 볼 수 있습니다. 풍경이 너무 빨리 지나는 탓에 가까이 있는 사물들은 제대로 보지도 못한 채, 먼 거리의 사물들만이 눈에 들어오는 경우가 대부분입니다.

우리는 어떤 현상을 처리할 때 아주 빨리 처리해야만 그 문제를 해결할 수 있는 것이 있습니다. 이처럼 고속 처리를 이용하는 마술에는 어떤 것이 있을까요?

함께하기 · 어피어링 코인 박스(Apearing Coin Box)_투명 상자 안으로 동전 넣기

여기 아무것도 들어 있지 않은 투명 상자와 동전이 있습니다. 그런데 마술사가 가지고 있던 동전이 어느새 딸랑하는 소리와 함께 투명 상자 안으로 들어 갑니다. 마술사는 어떻게 한 것일까요?

현재 투명 상자 안이 비어 있군요. 시작해 볼까요?

QR CODE를 스캔하면 동영상을 볼 수 있습니다.

마술 도구 투명 상자 1개, 동전 2개

1 투명 상자와 동전을 준비합니다.

2 마술사는 아무것도 들어 있지 않은 투명 상자를 보여 주면서 이곳에 동전을 넣겠다고 합니다.

제 손에 있는 동전을
투명 상자 안으로
넣어 보겠습니다.

3 그런데 눈깜짝할 사이에 마술사의 손에 있던 동전이 사라졌습니다.

Point 이 마술의 비밀은 빠른 손동작이 아닙니다. 손보다는 투명 상자
속에서 벌어지는 속도에 비밀이 있습니다.

4 동시에 투명 상자 안에서 '딸랑'하는 소리와 함께 동전이 들어간 것이 보입니다.

투명 상자 안에
동전이 보이나요?

마술의 기술 중 손에 있던 동전이 사라지게 하는 것을 팜(palm)이
라고 합니다. 이 마술은 손에 있던 동전이 사라진 것처럼 보이게 하는
기술입니다. 그런데 어떻게 손에서 사라진 동전이 투명 상자 안으로
들어 갔을까요?

사실은 동전이 투명 상자 안으로 들어간 것이 아니라, 투명 상자 안
의 비밀 공간에 똑같은 동전을 미리 준비해 놓은 것입니다. 다시 말해
상자 바닥에는 비밀의 덮개가 있고 그 덮개를 열면 그 안에는 미리 준
비한 동전이 숨어 있었던 것입니다.

Point 마술사가 투명 상자를 잡고 위로 빠
르게 움직이면 동전의 무게로 인해, 동전이
위로 솟구치면서 위로 튕겨진 동전은 상자
뚜껑에 맞고 다시 내려 옵니다. 이처럼 내려
온 동전은 무게로 인해 투명 상자 안의 바닥
에 있는 비밀 덮개를 누르면서 마치 동전이
투명 상자 안으로 들어간 것처럼 보이는 것
입니다. 여기서의 포인트는 빠르게 움직이는
동전을 관객들의 눈으로는 확인하기가 쉽지
않다는 것을 이용한다는 것입니다.

비밀 덮개를 열면
동전이 숨어 있습니다.

어때요? 아주 쉽고 간단하지요?
동영상을 보면 쉽게 익힐 수 있습니다.
이 마술은 고속 처리 원리로
볼 수도 있고 사전 준비 조치 원리로도
볼 수 있습니다.

마술사가 상자를
빠르게 움직이면 동전이
튀어 나옵니다.

혼자하기 1

공중에서 두 개의 스카프 연결하기

마술사는 단지 두 개의 스카프를 공중으로 던졌을 뿐인데 순식간에 스카프가 하나로 연결됩니다. 이런 마술은 어떻게 가능할까요?

이들을 공중으로 날려 볼까요?

두 개의 스카프가 있습니다.

QR CODE를 스캔하면 동영상을 볼 수 있습니다.

마술 도구 스카프 2장, 고무줄 1개

따라하기

1 마술사는 준비한 두 장의 스카프를 보여준 후 스카프를 한 손으로 잡습니다.

이 스카프로 어떤 마술을 보여 줄까요?

2 마술사는 두 개의 스카프를 공중으로 던져 보겠다고 하면서 어떤 일이 생길지 기대해도 좋다고 합니다.

3 어라, 단지 공중으로 던졌을 뿐인데 두 장의 스카프가 하나로 묶여서 내려왔습니다. 공중에서 무슨 일이 발생한 것일까요?

이 마술은 관객들 모르게 고무줄을 이용하여 두 개의 스카프를 묶는 기술이 필요합니다. 마술사는 먼저 두 장의 스카프를 관객들에게 보여 주고 다시 한 손으로 스카프를 잡을 때 미리 엄지와 검지손가락에 끼워 놓은 고무줄을 이용하여 두 개의 스카프를 고속으로 묶어 주어야 합니다. 이때 관객들이 마술사의 손가락에 있는 고무줄을 눈치채지 못하도록 스카프와 같은 색의 고무줄을 준비하고 스카프로 잘 숨기는 기술이 필요합니다.

마술사의 손동작을 자세히 들여다보면 오른쪽 엄지와 검지손가락 사이에 고무줄이 끼워진 상태이며, 두 개의 스카프를 한 손으로 잡을 때는 재빠르게 고무줄을 이용하여 스카프를 묶는 동작을 합니다.

빠른 손동작으로
관객들이 눈치채지 못하도록
합니다.

위와 같이 고무줄로 묶은 스카프를 공중으로 던져서 내려오는 스카
프를 잡으면 두 개의 스카프가 하나로 연결된 것을 볼 수 있습니다.

자, 공중으로
던져 볼까요?

고무줄에 의해
두 개의 스카프가
하나로 묶입니다.

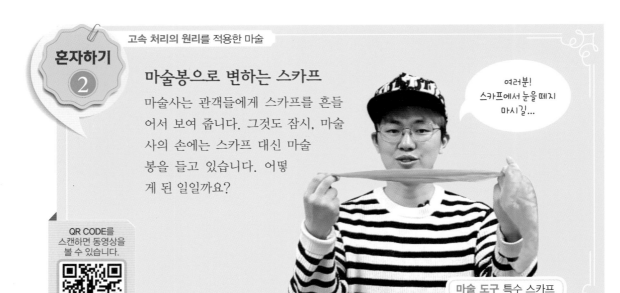

마술봉으로 변하는 스카프

마술사는 관객들에게 스카프를 흔들
어서 보여 줍니다. 그것도 잠시, 마술
사의 손에는 스카프 대신 마술
봉을 들고 있습니다. 어떻
게 된 일일까요?

여러분!
스카프에서 눈을 떼지
마시길...

QR CODE를
스캔하면 동영상을
볼 수 있습니다.

마술 도구 특수 스카프

따라하기

1 마술사의 신호와 함께 손에서 스카프가 나옵니다.

2 앞을 봐도 스카프, 뒤를 봐도 스카프, 마술사는 이
리저리 스카프를 보여 주면서 주문을 외웁니다.

3 그런데 눈깜짝할 사이에 스카프가 마술봉으로
바뀌었습니다.

저는 스카프를
가지고 있습니다.

어라, 마술봉?
그럼 스카프는 어디로
갔을까요?

4 여러분은 마술사의 움직임을 잘 보고 있었나
요? 대체 마술사는 어떻게 한 것일까요?

Point 비밀은 스카프의 끝 부분에 플라스틱 지팡이가 숨어 있었던 것
입니다. 접혀 있던 지팡이가 순간적으로 펼쳐지면서 스카프는 지팡이의
빈 공간으로 들어간 것입니다.

고속 처리의 원리는 최대한 빨리 처리하는 것입니다. 이를 테면 해롭거나 유해한 상황이 미처 나타나기도 전에 빨리 지나가게 하는 것입니다.

게임이나 전쟁에서도 속전속결의 전략이 필요합니다. 광개토대왕과 칭기즈 칸의 승리 전략은 빠른 공격과 철수 전략이었다고 합니다. 이때 공격 당하는 쪽이 사전에 대처할 시간을 갖지 못하도록 하는 것입니다. 이처럼 아주 빠른 속도로 처리하는 것은 다양한 분야에서 매우 유용하게 활용되고 있습니다.

마술과 한 뿌리
트리즈 원리

★ 실생활에서 고속 처리의 원리를 이용한 사례로는 무엇이 있을까요?

감자에 싹이 나서 문제가 될 때

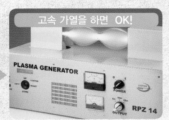
고속 가열을 하면 OK!

외국에서 감자를 수입하여 배로 싣고 오는 동안 균에 의해 썩거나 싹이 나는 문제가 발생합니다. 이를 해결하기 위해 감자 표면을 아주 짧은 시간 고온으로 가열하면 균은 사라지고 감자는 신선함을 유지할 수 있습니다.

고속도로 통행 요금 문제로 차량 정체가 심할 때

하이패스를 설치하면 OK!
하이패스 전용

차들이 고속도로와 유료 도로를 지날 때 내는 통행 요금을 톨게이트에서 사람이 받다보니 차량 정체가 심합니다. 이를 해결하기 위해 요금이 자동 결제되는 하이패스를 활용하면 유용합니다.

생명체의 병이 현재 의학으로는 불가능할 때

급속 냉동하여 보관하면 OK!

생명체를 급속 냉동시켰다가 녹이면 죽지 않고 살아난다는 사실이 금붕어 실험으로 입증되었습니다. 이에 현대 의학으로는 못 고치는 병을 가진 사람을 냉동 보관 후, 미래에 의술이 발달했을 때 치료하는 계획을 진행하고 있습니다.

이외에도 블록 쌓기 놀이도 고속 처리의 원리가 적용됩니다. 나무 블록 사이에 종이를 끼워 놓고 무너지지 않게 한 후 종이를 빼내는 놀이를 생각해 보세요. 해결의 열쇠는 종이를 아주 빠르게 잡아당겨 빼내는 것입니다. 종이를 빨리 빼면 블록이 무너지지 않지만, 너무나도 조심스럽게 그리고 천천히 빼려고 하면 블록이 무너집니다.

톱의 역사

인류는 무언가를 빠르고 정확하게 자르기 위해 많은 절단 도구를 발명하였습니다. 나무 톱은 밀거나 당기는 중에 한 번만 잘리고, 반대 방향으로 이동할 때는 톱질이 되지 않았습니다. 이후에는 밀고 당길 때 모두 잘리는 톱날을 발명하였습니다. 고전에 나오는 흥부와 놀부가 박을 탈 때 사용한 톱은 쓱싹쓱싹 앞뒤로 왕복합니다.

▲ 다양한 톱

사람들은 힘을 덜 들이기 위해 전기를 이용하는 전동 톱을 발명하였고, 산업이 발전하면서 더 단단하고 두꺼운 철판같은 물질을 자르기 위해 쇠톱도 발명하였습니다. 처음에는 직선 왕복 운동을 하는 톱이었지만, 효율을 높이기 위해 원운동 방식으로 발전하였습니다. 그리고 더 단단한 것을 자르기 위해 톱날에 인조 다이아몬드를 사용하기에 이르렀습니다.

기술이 발전하면서 물건을 자르는 도구에 고체 물질을 사용하는 대신 기체, 액체, 에너지 등을 사용하기도 합니다. 이를테면 높은 온도의 불꽃으로 두꺼운 철판을 녹여서 절단하는 화염 절단 방식을 발명하였습니다. 화염 절단은 절단된 부분이 열에 의해 손상되는 단점이 있었기에 이를 개선하기 위해 초고속의 물을 분사하여 절단하는 워터 제트 방식을 발명하였습니다.

▲ 직선 절단　　▲ 회전 절단　　▲ 화염 절단　　▲ 워터 제트

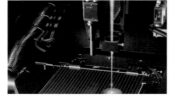

최근에는 빛을 이용한 레이저 광선을 이용하는 절단기도 탄생했으며, 미래에는 핵에너지를 이용하는 날이 올지도 모릅니다.

▲ 레이저 절단

색을 바꾸어 보아요

눈앞에 있던 빨간 종이의 색이 순식간에 녹색이나 노랑으로 바뀐다면 정말 신기하겠지요? 사물이 카멜레온처럼 색이 변한다면 얼마나 신기할까요? 만약, 색이 변하는 옷감이 있다면 하나의 옷으로 여러 가지 효과를 낼 수 있을 것입니다. 그리고 하나의 안경테로 색이 들어간 선글라스와 일반 안경을 오간다면 이 또한 놀라운 마술같은 효과를 볼 수 있을 것입니다. 이처럼 자유롭게 바뀌는 색을 이용한 마술에는 어떤 것이 있을까요?

함께하기 색이 바뀌는 장미꽃

좋아하는 여자 친구에게 예쁜 장미꽃을 선물로 주고 싶은데, 그 친구가 좋아하는 색이 빨강인지 노랑인지 알 수가 없습니다. 이럴 때 장미꽃의 색깔이 맘대로 변한다면 만족도는 두 배로 늘어날 것입니다.

이 장미꽃의 색을 바꾸어 볼까요?

QR CODE를 스캔하면 동영상을 볼 수 있습니다.

마술 도구 장미꽃 한 송이

1 마술사는 장미꽃 한 송이를 관객에게 보여 주면서 무슨 색인지 물어 봅니다.

2 마술사는 관객에게 눈을 감고 있으라고 하면서 꽃송이를 양손으로 가볍게 감싼 다음, 입김을 후~하고 불어 줍니다.

3 다시 관객에게 장미꽃이 무슨 색인지 물어 봅니다.

4 다시 마술사가 꽃송이를 가볍게 감싼 다음 입김을 후~ 불면 또 색이 변합니다.

Point 장미꽃은 온도에 반응을 일으키므로 아무 때나 장미꽃에 손을 대지 않도록 주의합니다.

이 마술의 비밀은 온도에 의해 변하는 시온 잉크라는 특수한 잉크입니다. 온도에 따라 색깔이 변하는 시온 잉크는 2차 대전 직후 독일의 바스프(Basf)사가 최초로 개발하였습니다.

기준 온도에 도달하면 색이 변했다가 다시 온도가 내려가면 원래의 색으로 되돌아가느냐 않느냐에 따라 가역성, 비(불)가역성으로 나뉘는 특성을 가진 안료를 사용하는데, 최근 여러 가지 상품에서 응용되고 있습니다.

카멜레온처럼 색이 변한다고 해서 카멜레온 잉크로 불리는 이 안료는 전문 용어로 '시온 안료', '측온 안료', '서모 컬러(thermo color)'로도 불립니다. 우리가 쓰는 수은 온도계나 온도에 의해 변하는 컵 등 많은 곳에서 쓰이고 있습니다.

시온 안료를 사용하는 수변 잉크와 비밀 잉크도 알아보까요?

- **수변 잉크**: 물이 닿으면 색이 변하는 것으로 우산, 컵, 그림책에 쓰이기도 합니다.
- **비밀 잉크**: 돈이나 중요 서류에 위조를 방지하기 위한 표시용으로 쓰입니다.

Point 세상에는 온도에 따라 색깔이 변하는 신기한 화학 물질이 많습니다. 우리도 필요에 따라 원하는 온도에 색이 변하는 물질을 발견하거나 발명하면 되겠지요?
만약, 체온에 따라 변하는 옷이나 모자가 개발된다면, 몸에 열이 나거나 기온에 따라 색이 변하는 신기한 옷을 만들수 있겠지요? 또한 아이가 아플 때 이마에 손을 대지 않고 열이 있음을 알 수 있고, 아침에는 빨간색으로 낮에는 하얀색 그리고 밤에는 파란색이 되는 멋진 양복도 개발할 수 있지 않을까요?

혼자하기 ①

리로리드 디스크_내가 선택한 카드를 원형판이 알아맞힌다고?

마술사는 카드를 가지고 멋진 솜씨를 뽐내더니 관객한테 카드 하나를 뽑으라고 합니다. 마술사는 어떤 카드인지 보지도 않고 관객이 뽑은 카드를 원형의 물체가 보여 준다고 합니다. 어떻게 그럴 수 있을까요?

여러분만 카드의 문양을 보고 있습니다.

이 도구로 어떤 모양의 카드인지 알아볼까요?

QR CODE를 스캔하면 동영상을 볼 수 있습니다.

마술 도구 리로디드 디스크, 카드 한 벌

따라하기

1 마술사는 준비한 카드 한 벌로 다양한 동작을 보여 줍니다.

이 카드로 어떤 마술을 보여 드릴까요?

2 마술사는 카드를 잘 섞어 주는 동작을 취하면서 관객이 원하는 순간에 "멈춰"라고 말하도록 부탁합니다.

언제든지 "멈춰"를 외쳐 주세요.

"멈춰!"

3 "마술사는 앗, 깜짝이야! 마술사인 저는 볼 수 없지만, 여러분이 선택한 카드의 문양을 잘 기억해 두시기 바랍니다. 이제 카드는 그만 책상 위에 올려놓도록 하겠습니다."라고 이야기 합니다.

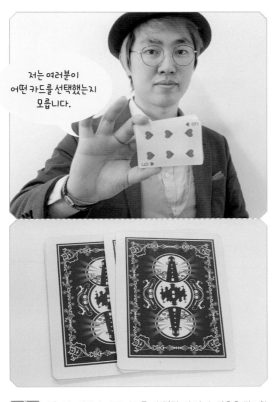

저는 여러분이 어떤 카드를 선택했는지 모릅니다.

Point 마술사는 관객이 어떤 카드를 선택했는지 알 수 없음을 강조합니다.

4 마술사는 준비한 리로리드 디스크에 아무것도 없음을 관객들에게 보여준 후 살짝 흔들면서 이곳으로 관객이 선택한 카드를 볼 수 있다고 합니다. 이때 어김없이 주문이 필요하겠지요?

트리 트리 매직 트리즈, 카드의 모양을 보여줘. 얍!

5 자, 이제 마술사가 검은 원형을 조금씩 움직입니다. 이것도 잠시, 검은색이었던 원형 판에서 관객이 고른 카드가 선명하게 나타납니다.

여러분이 선택한 카드는 하트 6이 맞나요?

Point 마술사는 관객들이 좀 더 신기함에 놀랄 수 있도록 다양한 행동을 취하도록 합니다. 마술사는 검은색 원형 판을 다시 살짝 돌려 카드의 모양을 안 보이게 하고, 그 카드는 다른 곳에서 튀어 나오게 하는 마술까지 보여준다면 금상첨화겠지요?

마술에 사용한 검은색 원형판은 방향에 따라서 특정 색의 빛을 굴절시키는 편광 필름이라는 재질로 만든 디스크입니다. 그래서 처음에는 검은색으로 보이지만 마술사가 원형판을 살짝 흔들 때마다 원형판이 조금씩 돌아가면서 아래쪽 검은색 판에 미리 숨겨 놓은 같은 모양의 카드가 보이게 되는 것입니다.

아무것도 보이지 않는
원형판을 조금씩
돌려 보세요.

그러면 숨겨져 있던
카드의 모양이 선명하게
보이기 시작합니다.

이 마술에 사용된 편광 필름은 전문가들이 사용하는 렌즈 교환식 카메라에서 렌즈의 필터 또는 입체 영상(3D)을 볼 때 착용하는 안경, 선글라스 등에 사용되는 광학 필름입니다. 편광 필름의 특징은 빛을 보는 방향에 따라 보이도록 특정 빛을 통과시키거나 보이지 않게 차단 혹은 흡수시킬 수 있습니다.

편광 렌즈의 역할

일정한 방향으로만 진동하는 빛만을 통과시키는 렌즈를 말합니다. 평소에 우리가 쓰는 선글라스에 편광 렌즈를 사용하면 자외선과 눈부심을 차단할 수 있으므로 빛으로부터 시력을 보호할 수 있습니다.

예

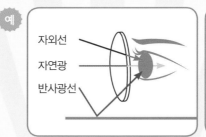

자외선
자연광
반사광선

▲ **일반 렌즈** 눈부신과 반사광 모두 그대로 흡수되어 눈의 피로도가 높습니다.

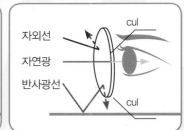

자외선
자연광
반사광선
cul
cul

▲ **편광 렌즈** 눈부심과 반사광 등을 차단해 줍니다.

이러한 성질을 마술에 이용하여 검은색 편광 필름 아래에 있는 물체를 보이게 하거나 보이지 않게 할 수 있는 것입니다.

색 변경의 원리를 적용한 마술

컬러 체인지 글라스(Color Change Glass)_유리잔에 든 물의 색을 바꾼다고?

마술사는 스카프와 물이 들어 있는 유리잔을 가지고 있습니다. 그런데 유리잔으로 스카프가 한 번 지나칠 때마다 물의 색이 빨강, 초록 등으로 바뀐다고 합니다. 어떻게 이런 마술이 가능할까요?

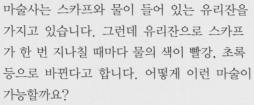

트리 트리 매직 트리즈~ 얍!

QR CODE를 스캔하면 동영상을 볼 수 있습니다.

마술 도구 실크 스카프 1장, 컬러 체인지 글라스

따라하기

1 마술사는 손에 든 스카프와 물이 담긴 유리잔을 보여 줍니다.

2 마술사는 스카프의 움직임과 함께 물의 색을 바꾸겠다고 합니다.

저에겐 스카프와 물이 든 유리잔이 있을 뿐입니다.

트리 트리 매직 트리즈~ 얍!

어라, 초록색으로 바뀌었네요.

③ 신기하게도 물의 색깔은 흰색에서 초록, 빨강으로 다시 흰색으로 왔다 갔다 합니다. 어떻게 가능할까요?

이 마술의 비밀은 물이 든 유리잔 안에 있습니다. 사람들은 유리잔에 물만 있겠지라고 생각하겠지만 유리잔 안에는 우리가 눈으로 쉽게 구분할 수 없는 빨강, 초록, 흰색을 나타내는 색판이 숨어 있습니다.

마술사가 유리잔을 스카프로 한 번 덮었다가 걷어 내는 작업을 하는 이유는 물의 색을 바꾸는 동작을 하기 위함입니다. 마술사의 손동작을 잘 살펴보면 스카프를 유리잔에 살짝 덮는 것 같지만, 무언가를 짚었다 놓는 듯한 동작이 숨어 있음을 알게 됩니다.

색 변경의 원리는 우리 눈에 보이는 색을 다양하게 변화시켜서 원하는 효과를 얻는 것입니다. 이것은 빛이 반사되는 정도에 따라 물체의 색이 달라지는 원리를 사용합니다. 만약 우리가 자유자재로 물체의 색을 변화시킬 수 있다면 더 많은 일을 할 수 있겠지요?

마술과 한 뿌리
트리즈 원리

★ 우리 주변에서 색 변경의 원리를 이용한 사례로는 무엇이 있을까요?

카멜레온

보호색 OK!

카멜레온, 자벌레, 독수리 눈 모양의 문양을 가진 나방 등은 주변 환경과 어울리는 보호색을 가짐으로써 자신을 적으로부터 노출되지 않도록 숨기거나 위협적인 모양 또는 색으로 변하여 위험으로부터 보호합니다.

시계

무색 투명 OK!

물체나 외부 환경의 투명도를 변화시키는 발명입니다. 관련 제품으로는 투명 사진기, 투명 시계, 투명 텐트, 투명 화장실, 투명 유리로 된 건물 등이 있습니다.

전기 레인지

경고색 OK!

사물의 온도 상태를 알 수 있게 경고용에 활용됩니다. 전기 레인지는 불꽃이 없으므로 뜨거운 것을 눈으로는 확인할 수 없기 때문에 온도가 뜨거워지면 빨간색으로 변하도록 설계합니다.

안경

변색 OK!

변색을 이용하는 발명으로 평상시에는 일반 안경이었다가 빛이 강하면 선글라스로 변하는 안경이 있습니다. 빛에 반응하는 특수한 물질을 안경알에 코팅해 놓음으로써 빛의 세기에 따라 투명해졌다가 어두워졌다가 하는 것입니다.

옷 색

형광색 OK!

등산복, 하이킹 복장, 미화원 복장 등은 위험에 처했을 때 사람들로부터 쉽게 눈에 띌 수 있도록 나무와 보색 대비를 이용하거나 야광, 형광색 등을 이용합니다.

매직 트리즈의 실전
07
속성 변화의 원리

성질을 바꾸어 보아요 (T35)

우리는 습관적으로 겉모양을 바꾸려고 하지만 그럴 필요가 없습니다. 때로는 어떤 물건의 내부 성질을 변화시키는 것이 더 효율적일 수 있습니다. 이처럼 속성 변화를 이용한 마술에는 어떤 것이 있을까요?

함께하기 아쿠아 슬러시_컵 속의 물이 사라진다고?

마술사는 종이컵에 물을 따른 후 물 컵을 머리 위로 올리고 2~3 바퀴를 돌면 신기하게도 컵 안의 물이 사라진다고 합니다. 과연 물이 사라질까요?

종이컵의 물은 어디로 사라졌을까요?

QR CODE를 스캔하면 동영상을 볼 수 있습니다.

마술 도구 컵 1개, 물, 흡습제(아쿠아 슬러시)

1 마술사는 관객에게 종이컵이 비어 있음을 확인시킨 후 종이컵에 물을 따릅니다.

컵엔 아무것도 없습니다.

2 마술사는 머리 위로 종이컵을 올린 후 한 바퀴 두 바퀴~ 돌기 시작합니다. 이렇게 돌면 종이컵 속의 물이 사라진다고 합니다.

자, 종이컵 속에 물이 있을까요?

여러분도 저와 함께 해볼까요?

3 마술사는 컵을 뒤집어서 물이 사라진 것을 확인시킵니다. 어떻게 된 일일까요?

와우, 물이 사라졌군요.

Point 이 마술을 할 때는 컵 속에 숨겨 놓은 흡수제(고흡수성 수지)를 관객들에게 들키지 않도록 주의하는 것이 포인트입니다. 또한 마술이 익숙해지면 두 개의 컵을 준비하여 친구나 가족과 함께 해 보세요. 이때 마술사의 종이컵에는 마술을 하기 전에 무언가를 넣어야 한다는 점이 포인트입니다.

이 마술에서는 물을 빠르게 흡수하고 웬만한 압력에도 물을 방출하지 않는 '고흡수성 수지'라는 신소재를 사용합니다. 이 물질은 자신의 무게 수십에서 수백 배의 물을 흡수할 수 있는 가루입니다.

마술에서는 이러한 소재를 '아쿠아 슬러시'라는 이름으로 사용되는데, 이 물질은 액체인 물을 순간적으로 젤리 형태의 겔(gel)로 완전히 바꾸어 놓습니다. 이것의 명칭은 개발 업체에 따라 SAM(Super Absorbency Material), AGM(Absorbent Gel Material) 등 각기 다른 이름으로 불리고 있으며, 약 20여 년 전부터 유아용, 성인용, 동물용 기저귀 등에 많이 사용하고 있습니다.

이 마술을 위한 준비 및 진행 과정은 다음과 같습니다.

관객들 모르게 먼저 고흡수성 수지 물질을 빈 종이컵에 넣습니다.

마술을 위해 종이컵에 물을 넣습니다.

액체가 고체로 변하기 위한 시간이 필요함으로 마술사는 2~3바퀴 도는 동작 등을 합니다.

고흡수성 수지가 머금은 물을 다시 나오게 할 수 있는 방법은 없을까요?

물을 가득 머금은 고흡수성 수지에 왕소금을 뿌리면 놀랍게도 물을 다시 방출하게 되는데, 이것이 바로 역삼투압 효과입니다. 배추를 소금에 절이면 물이 빠지는 원리와 동일합니다. 이때 모든 물이 방출되지는 않습니다. 여러분도 한 번 해 보세요. 단, 절대 먹으면 안 됩니다. 배가 아파서 병원에 가야 할 수도 있습니다.

속성 변화의 원리를 적용한 마술

점핑 볼 & 노점핑 볼_기분에 따라 공이 움직인다고?

마술사가 작은 공을 책상에 던졌더니 통통 튕깁니다. 그런데 그 공을 받아든 관객이 공을 던지면 책상 위에 툭하고 떨어집니다. 공도 사람을 차별하는 걸까요?

기분에 따라 공이 통통 튕기거나 안 튕기거나…

QR CODE를 스캔하면 동영상을 볼 수 있습니다.

마술 도구 특수 점핑 볼 2개

따라하기

1 마술사가 준비한 공을 하나 보여 줍니다. 이 공은 바닥에 잘 튕기는 고무공이라고 합니다.

2 하지만 마술사가 공에 신호를 주면 공도 마음이 변한다고 합니다. 어떻게 변했을까요?

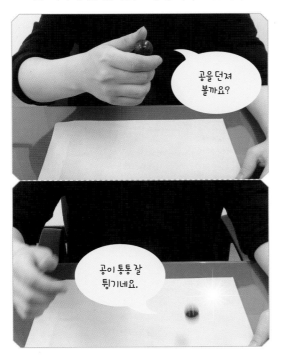

공을 던져 볼까요?

공이 통통 잘 튕기네요.

공을 던져 보겠습니다.

어라, 쇠공이 되었는지 전혀 튕기지 않는군요.

3 마술사는 잠시 고민을 하더니 다시 신호를 준 후에 공을 던집니다. 이번에는 공이 통통 튕길까요?

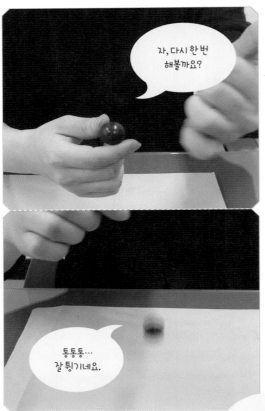

4 이번에는 관객에게 공을 던져 보라고 합니다. 공은 어떤 반응을 보일까요?

이 마술은 '점핑 볼 & 노점핑 볼(Jumping Ball & No-Jumping Ball)'로 불리는 마술입니다. 마술사는 관객들 모르게 두 개의 공을 가지고 있습니다. 공의 소재로 하나는 통통 잘 튕기는 고무공이고, 다른 하나는 쇠공입니다.

마술사는 한 손에 두 개의 공을 가지고 있지만, 관객들은 알 수가 없습니다. 마술사는 능숙한 솜씨로 필요에 따라 공을 바꾸면서 마술을 하는 것입니다.

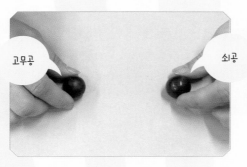

여기서 포인트는 마치 하나의 공을 이손에서 저손으로 옮기는 척하면서 중지와 약지로 공을 잡아주고, 반대의 손으론 손바닥을 펴면서 이미 가지고 있던 공을 보여주면 공을 넘겨준 것처럼 보이게 됩니다.

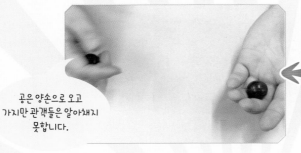

공은 양손으로 오고
가지만 관객들은 알아채지
못합니다.

마술과 한 뿌리
트리즈 원리

속성 변화의 원리는 물질의 구조 변화를 통해 성질이 변하는 것을 활용하여 문제를 해결하는 것입니다. 물체의 성질은 물체의 외형이 아니라 내적 특성을 뜻합니다. 예를 들면, 물체의 상태를 고체, 액체, 기체, 플라즈마로 변화시킬 수 있습니다. 또 농도나 밀도를 변화시키거나 물체의 유연성 정도, 온도, 부피 등을 변화시킬 수 있습니다.

★ **실생활에서 속성 변화의 원리를 이용한 사례로는 무엇이 있을까요?**

비누

상태 변화 OK!

고체 비누를 액체로 만들면 더 사용하기 편하고, 기체로 만들면 뿌릴 수도 있습니다.

배추

농도 변화 OK!

소금물에 배추를 담가 놓으면 삼투압의 원리가 작용하여 야채 속의 수분이 빠져 나오면서 활성 세포들의 숨이 죽게 됩니다. 삼투압은 농도가 낮은 곳에서 높은 곳으로 물질이 이동하는 원리입니다.

옥수수

밀도 변화 OK!

딱딱한 옥수수를 높은 온도와 압력으로 팽창시켜서 부드럽고 맛있게 먹을 수 있는 팝콘으로 변화시킵니다.

티슈

부피 변화 OK!

물티슈로 사용하기 전에는 마른 종이 상태로 압축하여 작게 보관하였다가 필요할 때 물을 부으면 부풀어 올라 부피가 커지면서 물티슈로 변하여 편리하게 사용할 수 있도록 합니다.

물질의 상태 변화

우리는 더운 여름날 아이스크림을 먹다 잠시 방심하면 아이스크림이 줄줄 녹아내리는 것을 경험한 적이 있습니다. 단단했던 아이스크림이 녹아내리는 원인은 무엇 때문일까요?

차가운 상태에서 고체였던 얼음이 녹아 액체로 변화되는 원인은 주로 온도 차 때문입니다. 물을 의미하는 H_2O는 얼음·눈·물·수증기·구름과 같이 다양한 형태로 변화할 수 있습니다.

★ 물의 속성 변화

▲ 얼음   ▲ 눈   ▲ 물   ▲ 구름

물이 얼음이 되면 부피는 9% 정도 증가하고 수증기로 변화하면 1,700배까지 증가합니다. 또한 얼음은 수소 결합에 의해 빈 공간이 많은 육각형 구조를 가지고 있어서 물보다 부피가 크고, 얼음이 녹아 물이 될 때에는 수소 결합의 일부가 끊어지면서 빈 공간을 채우므로 부피가 감소된다고 합니다.

물은 지구의 기후에 매우 중요한 역할을 합니다. 물의 순환에 따라 지구에 있는 생명체의 삶 또한 큰 영향을 받게 됩니다. 그런데 이렇게 소중한 물이 갈수록 줄어들고 있으며, 기후 변화에 따른 수량과 수질의 변화는 식량 자원의 확보에도 큰 영향을 미치고 있습니다. 더 나아가 보건·농업·에너지·생태계 등에도 악영향을 미치기 때문에 우리는 물의 소중함을 알고 잘 관리할 수 있도록 노력해야 겠습니다.

만약, 물이 얼어 부피가 작아지고 무거워진다면 어떻게 될까요? 이러한 상황에서는 얼음이 가라앉아 강이나 호수, 바다는 바닥부터 얼게 되고 그 여파로 물고기나 식물들은 모두 얼어 죽게 됩니다. 그런데 다행히도 물보다 얼음이 더 가벼워 물 위에 얼음이 얼게 되므로 추운 겨울에도 물 속 생물들은 편히 지낼 수 있는 것입니다.

공간을 나누어 보아요 P01

세상의 모든 문제는 공간, 시간, 관계가 서로 충돌하기 때문에 발생한다고 합니다. 그러므로 이들이 충돌하지 않도록 하려면 문제를 공간, 시간, 조건 등으로 분리해야 해결할 수 있습니다.
공간 분리를 활용한 마술에는 어떤 것이 있는지 알아볼까요?

함께하기 통으로 공간 분리

관객은 마술사 모르게 주사위에서 좋아하는 수를 위로 향하게 한 후 통 안에 넣습니다. 그런데, 마술사는 통을 열지 않고도 관객이 좋아하는 숫자를 맞춥니다. 이런 일은 어떻게 가능할까요?

당신이 좋아하는 숫자는 '6'입니다.

QR CODE를 스캔하면 동영상을 볼 수 있습니다.

마술 도구 마술 통 2개, 주사위 1개

1 마술사가 관객에게 준비한 통을 보여 주면서 흔들었더니 통 안에서 소리가 납니다. 마술사는 궁금해 하는 관객들에게 물어 봅니다.

이 통 안에는 무엇이 들어 있을까요?

글쎄요!

2 마술사가 통을 열었더니 그 안에서 또 통이 나옵니다.

통을 열어 볼까요?

통 안에는 똑같은 통이 또 있군요.

3 마술사가 다시 통을 흔들었더니 또 소리가 납니다.

이번에는 무엇이 들어 있을까요?

또 통이 아닐까요?

4 마술사가 뚜껑을 열자 그 안에는 주사위가 있습니다.

이제 주사위로 다른 마술을 해볼까요?

5 관객에게 주사위를 주면서 좋아하는 숫자를 위로 향하게 하여 통 안에 넣고 뚜껑을 닫으라고 합니다. 이 때 마술사는 다른 곳을 보도록 합니다.

6 관객에게서 통을 받은 마술사는 다시 더 큰 통에 넣고 뚜껑을 닫습니다.

7 마술사는 주문을 외우더니 통을 열어 보지도 않고 관객이 고른 숫자를 말합니다.

8 마술사는 관객이 고른 숫자를 어떻게 알았을까요?

이 마술의 비밀은 통의 뚜껑에 있습니다. 사람들은 두 개의 통은 서로 겹쳐진 상태라서 통 안의 내용물이 보이지 않을 것이라고 생각하지만, 통 안은 공간이 분리되도록 설계되었고 비밀의 열쇠는 바로 뚜껑에 있습니다.

마술사는 관객에게서 받은 통을 또 다른 통에 넣기 전, 관객들에게 위아래로 보여 주면서 통 안의 내용물이 보이는지를 물어보는 동작을 취합니다. 이때 마술사는 통의 빨간 뚜껑을 자신에게 향하도록 하여 뚜껑이 아래쪽으로 오게 합니다. 그러면 빨간 뚜껑에 주사위의 숫자가 비춰집니다.

통의 위와 아래를
확인해 보세요.

통 안의 비밀은 마술사가 더 큰 통 안으로 통을 뒤집어서 포개 넣을 때 주사위를 볼 수 있도록 사전 조치를 해 놓은 것입니다.

Point 이 마술은 통 안의 공간을 분리하여 마술사가 보이는 공간과 관객이 보이는 공간의 정보를 다르게 하는 것이 포인트입니다. 사람들은 마술사와 관객들이 똑같이 통의 내부를 보지 못한다고 착각하게 만듭니다.

자, 이제
여러분도 해 보세요.

혼자하기 ①

체인지 박스_마술 상자 안에서 무엇이 나올까?

마술사는 화려한 상자 하나를 들고 나옵니다. 분명 상자 안에는 아무것도 없음을 확인했음에도 마술사가 상자를 한 바퀴 돌릴 때마다 상자 안에서는 맛있는 과자나 초콜릿이 나옵니다. 대단한 마술사가 아닌가요?

상자 속에는 아무 것도 없습니다.

가만, 상자 안에 뭔가가 있군요.

QR CODE를 스캔하면 동영상을 볼 수 있습니다.

마술 도구 체인지 박스(마술 상자), 마술에 사용할 과자류 또는 작은 소품들

따라하기

1 마술사는 화려한 상자를 관객들에게 보여 줍니다. 상자의 뚜껑도 열어서 안쪽이 비어 있음을 확인시킵니다.

2 마술사는 상자를 이리저리 돌린 후 이제부터 신기한 마술을 보여 주겠다고 하면서 상자의 뚜껑을 열고 그 속으로 손을 넣습니다.

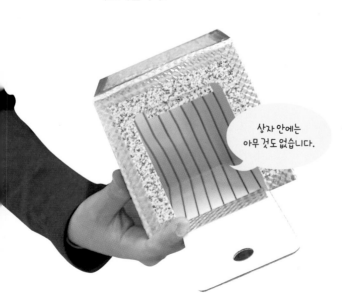

상자 안에는 아무 것도 없습니다.

상자를 이리저리 돌려 보겠습니다.

상자 안에 손을 넣어 볼까요?

3 갑자기 마술사의 표정이 밝아지더니 맛있는 초콜릿을 하나 꺼내서 관객에게 줍니다.

4 다시 마술 상자를 돌린 후 상자 안을 열어서 보여 주지만 상자 안은 텅텅 비어 있습니다.

초콜릿이 나왔군요.

다시 상자를 돌려 뚜껑을 열었지만 상자 안에는 아무 것도 없습니다.

5 마술사는 다시 한 번 관객들에게 기대하라고 하면서 마술 상자 안으로 손을 넣더니 초콜릿 두 개를 꺼냅니다. 또 다시 마술 상자를 열어 보았지만 그 안에는 아무것도 없습니다. 정말 신기하지요?

이번에는 초콜릿이 두 개가 나왔군요.

다시 돌린 후 상자를 열면 안은 텅 비었습니다.

6 이 상자에는 무슨 비밀이 숨어 있을까요?

마술 비밀의 원리를 찾아라!

　　이 마술의 비밀은 공간 분리와 거울입니다. 상자 안은 두 개의 공간으로 나누어서 설계하였습니다. 그리고 두 개로 나눈 벽은 거울을 사용함으로써 마술사가 상자의 뚜껑을 열어 그 안을 관객들에게 보여 주어도 관객들은 하나의 공간으로 인식합니다. 이 점을 이용하여 마술사는 상자 안의 두 개 공간 중 한 곳에만 초콜릿 등을 넣고 다른 한 곳은 빈 공간으로 둔 채 마술을 합니다. 마술사는 상자를 돌릴 때마다 두 개의 공간을 왔다 갔다 합니다.

상자 안은 두 개의 공간으로 나뉘어 있으며 상자를 여는 뚜껑도 두 개랍니다.

공간 분리의 원리를 적용한 마술

컵 속의 구슬 분리_섞인 구슬들을 순식간에 분리할 수 있다고?

마술사는 두 가지 색의 구슬들을 한 곳으로 모아 섞어 줍니다. 그러더니 '얍'하는 신호와 함께 순식간에 같은 색끼리 분리가 됩니다. 이렇게 놀라운 마술은 어떻게 가능할까요?

두 가지 색상의 구슬들을 흔들어서 섞어요.

그런데 구슬을 색상별로 순식간에 분리할 수 있답니다.

QR CODE를 스캔하면 동영상을 볼 수 있습니다.

마술 도구 색 구슬들이 들어 있는 2개의 컵

따라하기

1 마술사는 초록색 구슬과 빨간색 구슬들이 각각 들어 있는 컵을 보여 줍니다.

컵 속에 있는 구슬들을 잘 보세요.

2 마술사는 두 컵 속의 구슬들을 한곳으로 모읍니다.

구슬을 한곳으로 옮겨 볼까요?

Point 이때 반드시 빨간 구슬을 초록색 구슬이 들어 있는 컵에 붓도록 합니다.

3 이제 컵 속의 구슬들이 잘 섞이도록 흔듭니다.

구슬이 밖으로 튕겨져 나가지 않도록 빈 컵을 뚜껑처럼 사용하세요.

구슬들이 잘 섞이도록 열심히 흔들어 주세요.

4 구슬들이 잘 섞였는지 확인해 볼까요?

구슬들이 골고루 잘 섞였군요.

5 마술사는 다시 3초 안에 같은 색의 구슬끼리 분리하겠다고 합니다.

다시 구슬들을 색깔별로 분리해 보겠습니다.

다 같이 하나, 둘, 셋~하고 외치세요.

Point 마술사는 두 개의 컵을 등 뒤로 이동한 후 반드시 초록 구슬이 들어 있는 컵을 뒤집어서 빈 컵에 빨간 구슬들이 모일 수 있도록 합니다.

6 짜잔, 각각의 컵으로 구슬들이 분리되었습니다. 정말 신기하지요?

구슬들이 제대로 분리되었는지 확인해 보세요.

이 마술의 비밀은 초록 구슬이 들어 있는 컵 속에 있습니다. 이 초록 구슬 컵에만 조건을 분리해서 섞이지 않도록 사전 준비를 해 두었기 때문에 두 가지의 색 구슬들을 한곳에 섞이더라도 구슬들은 섞이지 않게 되고 곧 바로 분리할 수 있습니다.

우리의 눈에는 각 컵 속의 구슬들이 같은 조건으로 구성되어 있는 것처럼 보이지만 초록 구슬들이 들어 있는 컵 안의 구슬들은 모두 투명한 실로 연결해 놓으므로써 다른 구슬들과 섞여도 바로 분리가 가능한 것입니다.

이렇게 초록 구슬들은
모두 실로
묶여 있습니다.

이러한 이유로 구슬을 섞을땐,
반드시 빨간 구슬을
움직여야 합니다.

이처럼 빨간 구슬들은 일반 구슬처럼 낱개로 되어 있지만, 초록 구슬들은 서로 실로 묶여 있기 때문에 처음부터 조건이 다른 상태에서 출발하는 것입니다. 따라서 마술사가 한 곳으로 모인 구슬을 다시 분리하기 위해서는 두 개의 컵을 위아래로 연결한 후 등 뒤로 옮겨서 재빠르게 초록 구슬이 들어 있는 컵을 뒤집어야 합니다. 그러면 초록 구슬들은 실로 묶여 컵에 붙어 있기 때문에 빨간색의 구슬들만 빠르게 빈 컵으로 모이게 됩니다.

등 뒤에서 구슬을 분리한 후 컵들을 다시 앞으로 가져 올 때는 각 컵의 입구가 위로 향하게 하는 것을 잊지 말아야 합니다.

컵의 입구들은 모두 위로 향하게 합니다.

등 뒤에서 구슬을 분리합니다.

두 가지 색의 구슬들이 함께 섞인 것처럼 보이지만, 이 구슬들이 모두 섞이지 않았다면? 그런데 이러한 일이 있을 수 있을까요? 마술을 위해서는 색구슬들이 섞이면서도 섞이지 않아야 한다는 모순을 해결해야 합니다. 또한 이 모순을 해결함으로써 마술이 가능한 것입니다.

모순을 해결하면 문제가 해결됩니다.

마술은 이렇게 모순이 되는 상황을 설정하고 그것을 어떻게 하면 해결할 수 있을지를 과학적으로 연구하여 문제를 해결합니다. 즉, 마술사의 문제 해결 방법은 트리즈가 하는 문제 해결 방법과 같습니다. 불가능해 보이는 것을 무대에서 가능하게 하는 마술사의 아이디어가 정말 신기하지요?

공간 분리의 원리는 제한된 시간에 두 가지 이상의 일을 동시에 해야 할 경우 공간을 분리하여 다른 특성을 가지게 하는 것입니다. 이 원리는 공간을 분리하여 원하는 공간에서만 하나의 상태를 만족하고 다른 공간에서는 반대의 상태를 만족하도록 하는 것입니다.

★ 우리 주변에서 공간 분리의 원리를 이용한 것은 무엇이 있을까요?

고층 빌딩에서 전 층을 운행하는 엘리베이터는 불편해요.

특정 층만 운행하면 OK!

초고층 건물에 있는 엘리베이터는 수많은 탑승자를 위해 저층과 고층 또는 홀수 층과 짝수 층으로 구분하여 운행함으로써 엘리베이터의 활용도를 높일 수 있습니다.

인터체인지에서 사고가 나요.

상하 복층 인터체인지를 설치하면 OK!

도로를 상하 복층으로 공간을 분리함으로써 자동차들은 서로 충돌하지 않고 원활하게 교통의 흐름을 유지할 수 있습니다.

도로만 있으면 불편해요.

건널목, 신호등, 고가도로 등을 설치하면 OK!

차량과 사람들이 많이 다니는 도심의 도로에는 사전에 사고를 방지하기 위해 다양한 구조물들, 이를테면 신호등, 건널목, 교차로, 고가도로 등을 설계해 놓았습니다.

짜장과 짬뽕을 한 그릇에?

공간 분리하면 OK!

짜장면과 짬뽕, 둘 다 먹고 싶은 사람들을 위해 한 그릇에 반반씩 담을 수 있도록 그릇을 분리하면 간단하게 해결됩니다.

일반 좌석 배치는 불공평해요.

좌석 위치별 요금을 차등 적용하면 OK!

연극, 음악회, 연주회, 스포츠 등을 관람할 수 있는 관람석은 공간을 분리하여 좌석의 위치에 따라 가격을 다르게 받기도 합니다.

공간 분리의 활용

예전 TV 드라마 중에서 고구려가 한나라와 싸울 때, 갑옷과 강철 검을 개발하여 승리한 고구려 모팔모의 이야기를 사극으로 제작하여 방영한 적이 있습니다. 두 무사가 칼로 대결할 때 약한 칼은 부러지기도 합니다. 똑같은 철이라도 철을 다루는 기술에 따라 철의 성질이 크게 달라지기 때문입니다.

좋은 칼의 겉면은 단단하지만 속은 부드럽습니다. 그래서 부러지지도 않습니다.

전쟁에 사용되는 무기는 가벼우면서도 강해야 하므로 만들 때 여러 가지 기술이 필요합니다. 처음에는 그저 철을 두들기고 갈아 날카로운 형태로 만드는 데 그쳤지만, 고대 로마시대의 로마 군인들이 사용했던 글라디우스 검에는 넓게 펴낸 철을 여러 번 접는 '접쇠 공정'을 통해 강한 칼을 만들었다고 합니다. 이때 '접쇠 공정'이란 철을 여러 번 겹치면 공간이 생기고, 그 접힌 철을 두들기면서 만들면 가벼우면서도 강하게 됩니다.

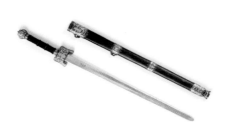

이 기법은 이후에 일본 등 여러 나라로 전파되어 새로운 기술로 발전했습니다. 이처럼 새로운 소재를 개발하는 학과로는 신소재공학과 또는 금속공학과가 있습니다. 이 분야에 관심 있다면 인터넷 검색 등을 통해 좀더 조사해 보면 좋겠지요?

매직 트리즈의 실전

09

시간 분리의 원리

시간을 나누어 보아요 ⓟ02

제한된 공간에서 여러 가지 일을 동시에 해야 하는 문제가 생길 때 여러분은 어떻게 하나요? 예를 들어 교실이란 공간에서 공부도 하고 놀기도 해야 한다면 어떻게 해야 할까요?

이럴 때 공간이 충돌되지 않도록 시간을 잘 분리하여 활용하면 문제를 쉽게 해결할 수 있습니다. 그렇다면 시간 분리를 활용한 마술에는 무엇이 있을까요?

함께하기 타임머신을 타고 온 찌그러진 캔

사람들은 다 마신 음료 캔을 보면 왠지 찌그러트리고 싶어 합니다. 그런데 찌그러진 캔을 마치 타임머신이라도 타고 돌아 간 것처럼 캔의 형태를 원래대로 되돌리는 마술을 본다면 어떨까요? 아울러 캔 뚜껑을 따면 맛있는 음료로 나와 함께 마실 수 있다면 정말 좋겠지요?

타임머신을 타고 돌아가 음료 캔을 원상태로 복구할 수는 없을까?

QR CODE를 스캔하면 동영상을 볼 수 있습니다.

마술 도구 찌그러진 탄산 음료가 들어 있는 캔

★

나도 발명 천재 마술사

1 마술사는 먼저 찌그러진 캔의 뚜껑이 있는 쪽을 기울여서 관객들에게 빈 캔임을 확인시킵니다.

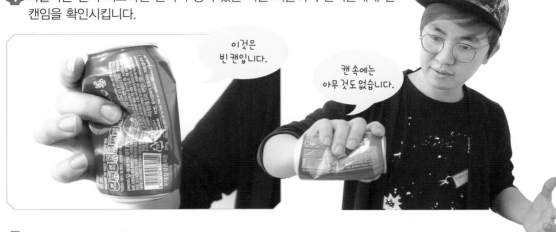

이것은 빈 캔입니다.

캔 속에는 아무 것도 없습니다.

2 마술사는 지금부터 시간을 되돌려 캔이 찌그러지기 전 상태로 돌리겠다고 합니다.

3 마술사가 주문을 외우면서 캔을 천천히 흔들면 놀랍게도 캔이 펴지기 시작합니다.

과거로, 과거로
트리 트리
매직 트리즈, 얍!

펴져라,
펴져라!

4 마술사가 캔을 흔들수록 찌그러졌던 캔이 더 부풀어 올라 원상태로 복원되고 있습니다.

조금 더
흔들어 볼까요?

캔이 펴진 것이
보이나요?

5 캔이 거의 펴지면 손으로 좀 더 잘 펴지게 합니다.

6 캔의 뚜껑 쪽을 관객들에게 보여준 후 그곳을 손가락으로 문지릅니다. 어떤 일이 생길까요?

7 마술사는 캔의 뚜껑을 딴 후 캔에 들어 있는 음료를 컵에 따라서 관객에게 시원하게 마시라고 줍니다.

Point 마술에 사용되는 캔은 너무 딱딱한 재질은 피하도록 합니다. 가급적 말랑말랑한 알루미늄 캔을 이용해야 편리합니다.

마술 비밀의 원리를 찾아라!

타임머신을 타고 과거를 다녀온 듯한 이 놀라운 마술의 비밀은 바로 탄산에 있습니다. 분명 다 마시고 찌그러진 깡통인데 어떻게 저절로 캔이 펴질까요? 음료 캔의 비밀을 알아볼까요?

먼저 탄산 음료가 들어 있는 탄산 캔을 준비합니다. 캔 옆 부분 중 위에서 아래로 2~3cm 정도의 위치에 바늘로 구멍을 뚫고 캔을 기울이면서 캔 안의 음료수를 어느 정도 버립니다.

Point 캔을 따서 음료를 버리려고 하면, 탄산 때문에 음료수가 밖으로 뿜어져 나올 수 있으므로 옷에 묻지 않도록 조심해야 합니다. 또한 구멍이 너무 낮은 위치에 있으면 탄산 음료의 양이 부족하여 실패할 수 있으므로 캔에 구멍을 뚫을 때와 음료수를 버릴 때 주의합니다.

캔의 한쪽 모서리에 뚫은 구멍으로 탄산 음료가 더 이상 나오지 않으면 캔을 바로 세우고 캔을 잡은 손으로 가운데를 눌러서 살짝 찌그러트립니다. 이때 캔을 너무 세게 누르지 말고 어느 정도 찌그러진 것처럼만 보이도록 합니다. 또 하나 중요한 것은 캔 위 뚜껑을 따는 곳에 미리 검정 수성 싸인펜으로 칠을 해 놓으면 관객들이 멀리서 볼 때에는 캔 뚜껑이 이미 따진 것처럼 보인답니다.

먼저 캔을
손으로 눌러 살짝
지끄러트립니다.

입구쪽은
검은색 수성 싸인펜으로
미리 칠을
해 놓습니다.

마지막으로 주의할 점은 마술을 시작하기도 전에 탄산의 힘으로 캔에 낸 구멍을 통해 캔 안의 음료가 밖으로 세어 나올 수 있으므로 마술사는 캔에 낸 구멍의 위치를 잘 알고 대처해야 합니다. 그리고 미술을 할 때는 캔에 낸 구멍은 테이프나 손가락으로 막고 있도록 합니다. 자, 다시 마술을 시작해 볼까요?

Point 일반적으로 사람들은 찌그러진 캔은 원상 복구되지 않는다는 고정 관념을 가지고 있습니다. 그리고 마술을 할 때 전체적인 시간을 염두에 두고 있어야 합니다. 그 이유는 탄산이 캔을 밀어 부풀게 하기 위해서는 시간을 꼭 분리해서 생각해야 하기 때문입니다.

마술과 한 뿌리
트리즈 원리

시간 분리의 원리는 제한된 공간(부분)에서 동시에 여러 가지를 해야 할 때, 시간적으로 다른 특성이 나타나도록 하는 것입니다. 예를 들어 시스템을 시간의 흐름, 즉 동작 전, 동작 중, 동작 후에 따라 분리하면 원하는 시간에 특정 상태를 만족하고, 그 외의 시간에는 반대의 상태를 만족하도록 할 수 있습니다.

★ 우리 주변에서 시간 분리의 원리를 볼 수 있는 사례로는 무엇이 있을까요?

비행기가 빠른 속도로 날 때

비행기가 이륙할 때를 다르게 하면 OK!

비행기가 이륙할 때는 양력을 얻기 위해 양쪽 날개를 넓게 사용하고, 빠른 속도로 날고 있을 때는 공기의 저항을 받지 않기 위해 날개를 좁게 합니다. 또 비행기가 이륙하기 전에는 바퀴로 달리고, 이륙 후에는 바퀴를 접어 표면에서 사라지게 합니다.

말뚝박기가 힘들 때

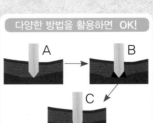
다양한 방법을 활용하면 OK!

A → B
C

꽁꽁 얼어붙은 대지에 말뚝을 깊이 박기 위해서는 먼저 말뚝(기둥) 끝을 뾰족하게 만든 후 그 내부에 시멘트·물·폭약을 장착해 놓습니다. 말뚝이 다 박히면 원격 제어로 폭발물을 폭파시키면 끝이 갈기갈기 찢어져 넓어짐과 동시에 시멘트가 물과 결합하여 굳어짐으로써 말뚝은 바닥에 단단하게 박혀서 쓰러지지 않습니다.

단일 신호등

한눈에 확인이 가능한 신호등을 설치하면 OK!

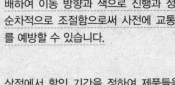

복잡한 도로에 신호등을 세우고 시간을 분배하여 이동 방향과 색으로 진행과 정지를 순차적으로 조절함으로써 사전에 교통사고를 예방할 수 있습니다.

가격 할인은 얼마나?

DISCOUNT

보다 정확한 표기를 하면 OK!

10% 20% 50%

상점에서 할인 기간을 정하여 제품들을 싸게 팔면 고객을 더 많이 확보할 수 있습니다. 또한 호텔이나 여행사에서 비수기에 할인을 하는 것과 영화관에서 조조와 심야에 할인하는 경우도 같은 원리입니다.

배가 지나가지 못하는 다리

배와 차 모두 지나갈 수 있도록 설계하면 OK!

평상시에는 다리 위의 도로로 자동차가 다니다가 큰 배가 지나갈 때에는 다리의 중간 부분을 들어 올려 자동차는 멈추고 배를 지나가게 합니다. 우리나라에는 부산 영도 다리가 이 원리를 이용했습니다.

시간 분리의 활용

여러분은 거대하고 호화스러운 배였던 꿈의 배, 타이타닉호의 최후를 아시나요?

1912년 4월 10일 세계 최대 호화 여객선 타이타닉호는 영국의 사우샘프턴을 떠나 미국의 뉴욕으로 처녀 항해를 나섰습니다. 타이타닉호는 항해 4일째 되던 4월 14일 빙산과 충돌하여 침몰하기 시작했습니다.

다음날 아침 2,233명의 탑승객 중 705명의 생존자만을 구하고, 애드워드 스미스 선장을 포함한 나머지 1,514명은 배와 함께 바닷속 깊이 가라앉으며 많은 희생자를 낸 세계 최대의 해난 사고로 기록되었습니다.

▲ 그 당시 세계에서 가장 큰 배 중 하나였던 타이타닉호는 그동안 발생한 해난 사고 중 가장 큰 인명 피해를 낸 사건 중 하나로 기록되고 있습니다.

이처럼 대형 선박이 침몰하는 것을 늦추기 위해 어떤 구조를 적용했을까요? 시간 분리의 원리로 생각해 보세요.

만약, 타이타닉호처럼 대형 선박이 좌초되어 엔진과 연료통 사이의 곡선 통로를 잇는 부품이 고장난 탓에 그 부품을 긴급히 제작해야 하는 상황이 발생했다고 가정해 볼까요?

부품의 형태는 구리로 만든 직사각형의 모양이며, 그 속으로 커브가 들어간 공간을 만들어야 합니다. 하지만 선박에 비치된 공구는 직선만 뚫을 수 있는 드릴뿐이라고 한다면, 어떻게 그 도구만을 활용하여 곡선의 구멍을 뚫을 수 있을까요?

여기서는 시간 분리의 원리를 적용하면 가능합니다. 먼저 드릴을 이용하여 직선으로 구멍을 뚫은 다음, 구리를 구부리면 곡선의 구멍이 됩니다. 반대로 구리를 구부린 다음 직선을 뚫고 다시 펴면 곡선의 구멍이 생깁니다. 우리는 처음부터 곡선 구멍을 뚫어야 한다고 생각하기 때문에 문제가 잘 풀리지 않았던 것입니다.

매직 트리즈의 실전

10

조건 분리의 원리

조건을 나누어 보아요

세상의 많은 문제는 제한된 공간과 시간이 동시에 제한되어 있기 때문에 발생한다고 합니다. 예를 들어, 떡볶이도 먹고 싶고 튀김도 먹고 싶을 때는 어떻게 해결할 수 있을까요? 이럴 때는 조건으로 문제를 분리하면 근본적인 문제를 해결할 수 있다고 합니다. 그렇다면 조건 분리의 원리를 활용한 마술로는 무엇이 있을까요?

함께하기 감정 카드_나의 기분을 바꿀 수 있다고?

잔뜩 화가 난 친구에게 바로 기분이 좋아지게 하는 마술을 한다면 어떨까요? 예를 들어, 화난 친구에게 찡그린 카드를 보여 준 후 거기에 사랑의 카드를 살짝 갖다 대면 놀랍게도 모든 카드가 사랑의 카드로 변한다면 친구의 마음이 한층 밝아지고 행복해지지 않을까요?

당신의 기분을 바꾸어 볼까요?

QR CODE를 스캔하면 동영상을 볼 수 있습니다.

마술 도구 감정 카드 5장(부록 03의 카드를 오려서 사용하세요.)

나도 발명 천재 마술사

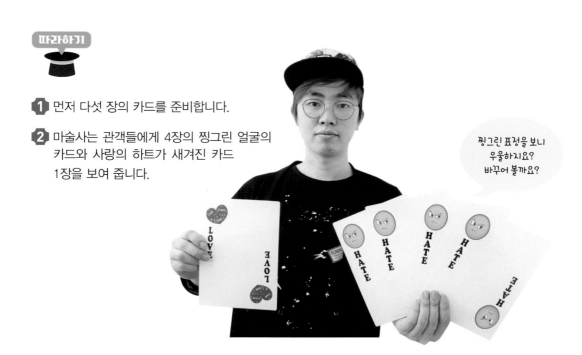

1 먼저 다섯 장의 카드를 준비합니다.

2 마술사는 관객들에게 4장의 찡그린 얼굴의
카드와 사랑의 하트가 새겨진 카드
1장을 보여 줍니다.

찡그린 표정을 보니
우울하지요?
바꾸어 볼까요?

3 사랑의 카드를 화난 표정의 카드 앞에 가져다 놓고 사랑의 카드 뒤에 있는 찡그린 카드 한장을 빼겠습니다.

이제 표정을
바꾸어 볼까요?

화난 표정의
카드를 하나
뺍니다.

먼저, 사랑의 카드를
앞에 놓습니다.

4 마술사는 관객에게 후~하며 입김을 불어 넣어 달라고 합니다.

입김을 후~

5 마술사는 펼친 카드를 모두 접고 주문을 외웁니다.

자, 기대하세요.
트리 트리
매직 트리즈. 얍!

6 마술사가 카드를 펼친 순간 신기하게도 모두 사랑의 카드로 변했습니다. 어떻게 한 것일까요?

Point 이 마술에서는 다섯 장의 카드 그림들이 실제로는 어떻게 배치되어 있는지가 중요합니다.

이 마술은 심리적 관성과 조건 분리의 원리를 이용한 것입니다. 처음 보여준 4장의 찡그린 카드는 당연히 모두 같은 카드일 것이라고 관객 스스로가 믿는 것이 포인트입니다.

이 카드에는
어떤 비밀이
숨어 있을까요?

카드에 있는 표정을
모두 바꾸어 보겠습니다.

여기는 모두 하트가
그려진 카드입니다.
과연 그럴까요?

Point 사람들은 경험적으로 카드 전체가 같은 모양이라고 생각하는 고정 관념이 있습니다. 마술사는 이것을 역이용하는 것입니다.

사실은 마술에 사용되는 카드 중 두 장만 위아래가 같은 그림의 카드이고, 나머지 세 장은 위아래가 서로 다른 그림으로 구성된 특수 카드라는 비밀이 숨어 있습니다.

Point 이 마술을 할 때 마술사는 마치 위아래 면을 모두 보여 주는 것처럼 자연스럽게 움직여야 합니다. 아울러 카드끼리 겹쳐지게 잡을 때는 반대 표정의 모양이 관객들에게 보이지 않도록 주의해야 합니다.

조건 분리는 같은 장소 같은 시간 대에 각 조건(환경)에 따라 문제를 해결해야 할 경우 또 서로 다른 요구가 요청될 경우 물리적 효과, 화학적 효과, 기하학적 효과 등을 활용하고 형상 변화 시 나타나는 현상을 이용합니다. 이 원리는 시스템의 환경(조건) 변화에 맞게 사고하는 것입니다. 따라서 두 개의 조건이 있을 때 특정 조건에서 한 상태를 만족하고 나머지 조건에서는 반대의 상태를 만족하도록 합니다.

★ 우리 주변에서 조건 분리의 원리를 볼 수 있는 사례에는 무엇이 있을까요?

일반 차선

가변 차선 OK!

도로는 양쪽 모두의 폭이 동일하지만 시간대나 장소에 따라서 한쪽 차선은 차가 많이 다니고 다른 차선에는 차가 적게 다니는 경우가 종종 있습니다. 이럴 때 조건에 따라서 차선이 반대로도 갈 수 있도록 가변 차선을 만들면 차량 통행을 좀 더 원활하게 할 수 있습니다.

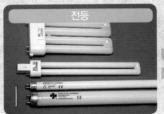
전등

동작 센서등 OK!

화장실에 들어서면 저절로 전등이 켜지는 곳이 있는데, 이것은 동작 센서를 전등에 부착하여 사람이 들어오면 '조건 1'로 인식하여 전등이 켜지게 하고, 반대로 사람이 나가면 '조건 2'로 설정하여 전등이 꺼지게 하는 원리입니다.

소화기

스프링클러 OK!

특정 건물 안의 공간에서 화재가 발생했을 때 천정에 설치된 스프링클러가 작동하여 저절로 물이 뿌려지는 경우가 있습니다. 이것은 화재가 난다는 조건 하에서 작동하는 원리입니다.

퍼즐 조각

모자이크 퍼즐 OK!

모자이크 퍼즐은 부분적으로 볼 때는 같은 모양의 조각이지만, 전체적으로 퍼즐을 맞추면 아름다운 그림이 되는 것으로, 전체와 부분이 전혀 다른 경우입니다. 레고 블록이나 어린이용 장난감 중에 이런 원리를 이용한 것이 많습니다.

조건 분리의 활용

중세 스페인은 프랑스를 함락시키고 궁전을 포위하였습니다. 스페인 장군은 프랑스 왕에게 "나한테 절을 하면 목숨만큼은 살려 준다."고 하였으나 왕은 절대로 복종할 수 없다며 그것을 거부하였습니다. 그러자 스페인 장군은 프랑스 왕에게 모욕감을 주기로 마음먹고 기발한 생각을 해냈습니다.

왕이 업무를 집행하기 위해 집무실로 들어가는 출입문에 나무를 걸어 놓음으로써, 그 출입문을 통과하려면 반드시 허리를 숙여야 합니다. 이러한 상황을 본 프랑스 왕은 굽실거리며 안으로 들어가자니 자존심이 상하고, 들어가지 않자니 일을 할 수가 없습니다. 프랑스 왕은 이러지도 저러지도 못하는 진퇴양난에 빠지자 해결책을 모색하기 위해 고민하기 시작했습니다.

왕은 이러한 상황을 모면하기 위해 어떤 행동을 취해야 할까요?

왕은 다음과 같은 조건 변화를 통해 모순을 해결할 수 있었습니다. 왕인 내가 모욕당하는 것이 아니라 스페인 장군이 반대로 모욕당하는 조건을 찾아보기로 한 끝에 역발상을 이용하기로 했습니다. 왕은 앞으로 걸어 들어가는 대신 뒤로 엉덩이를 보이며 들어가는 방안을 찾아내어 실행에 옮겼습니다. 결국은 모욕을 주고자했던 스페인 장군은 오히려 모욕을 당하는 꼴이 된 것입니다. 왕의 지혜로운 행동을 보고 스페인 장군은 그 문을 원래대로 고쳐주었다고 합니다.

여러분도 이처럼 곤란한 상황에 처했을 때 해결할 수 있는 창의적인 방법을 찾아내는 것이 중요하겠지요?

우리 모두 창의적 발상력을 키워 봐요.

나도
발명 천재 마술사

초판 1쇄 발행   2018년 5월 15일

저   자 | 김영기, 오은영, 함현진   Special thanks to | 배원기
발 행 인 | 신재석
발 행 처 | (주)삼양미디어
등록번호 | 제10-2285호
주   소 | 서울시 마포구 양화로 6길 9-28
전   화 | 02-335-3030
팩   스 | 02-335-2070
홈페이지 | www.samyang*M*.com
ISBN | 978-89-5897-353-9(03680)

*이 책은 저작권법에 따라 보호받는 저작물이므로 무단전재와 복제를 금합니다.
*이 책의 전부 또는 일부를 이용하려면 반드시 (주)삼양미디어의 동의를 받아야 합니다.
*잘못된 책은 구입하신 서점에서 바꾸어 드립니다.

8	13	26	31	44	57
9	14	27	40	45	58
10	15	28	41	46	59
11	24	29	42	47	60
12	25	30	43	56	♣

32	37	42	47	52	57
33	38	43	48	53	58
34	39	44	49	54	59
35	40	45	50	55	60
36	41	46	51	56	★

1	11	21	31	41	51
3	13	23	33	43	53
5	15	25	35	45	55
7	17	27	37	47	57
9	19	29	39	49	59

16	21	26	31	52	57
17	22	27	48	53	58
18	23	28	49	54	59
19	24	29	50	55	60
20	25	30	51	56	★

4	13	22	31	44	53
5	14	23	36	45	54
6	15	28	37	46	55
7	20	29	38	47	60
12	21	30	39	52	♣

2	11	22	31	42	51
3	14	23	34	43	54
6	15	26	35	46	55
7	18	27	38	47	58
10	19	30	39	50	59

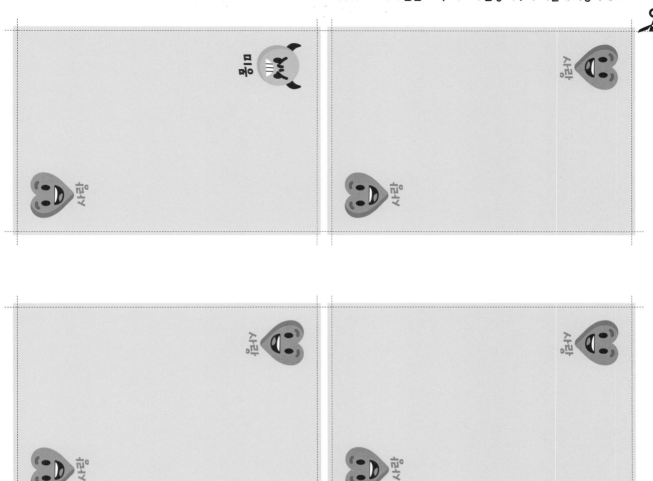

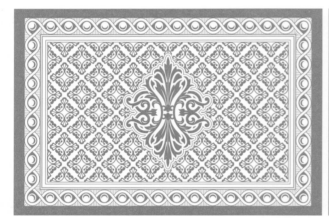

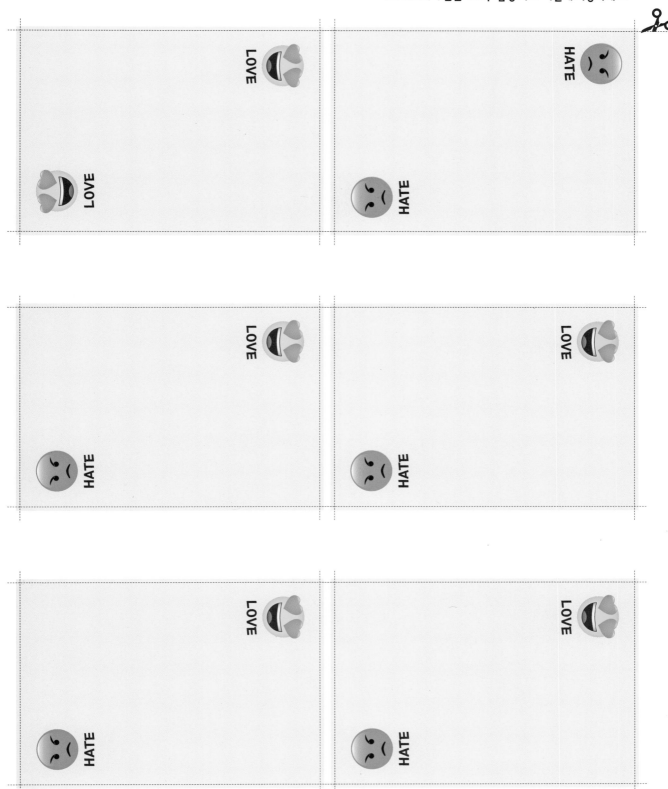